À toi

De la même auteure

mãn, Libre Expression, 2013.
À toi, avec Pascal Janovjak, Libre Expression, 2011 ;
    collection « 10 sur 10 », 2015.
Ru, Libre Expression, 2009 ; collection « 10 sur 10 », 2014.

Du même auteur

À toi, avec Kim Thúy, Libre Expression, 2011 ; collection
    « 10 sur 10 », 2015.
L'Invisible, Paris, Buchet/Chastel, 2009.
Coléoptères, Genève, Samizdat, 2007.

Kim Thúy
Pascal Janovjak

À toi

Récit

Catalogage avant publication de Bibliothèque et Archives nationales du Québec et Bibliothèque et Archives Canada

Thúy, Kim

    [Correspondance. Extraits]

    À toi

    (10/10)

    Édition originale : Montréal : Libre expression, 2011.

    ISBN 978-2-8972-2006-8

    1. Thúy, Kim. Correspondance. 2. Janovjak, Pascal, 1975- . Correspondance. I. Janovjak, Pascal, 1975- . Correspondance. Extraits. II. Titre. III. Collection : Québec 10/10.

PS8639.H89Z484 2015   C843'.6   C2015-940289-1
PS9639.H89Z484 2015

Direction de la collection : Marie-Eve Gélinas
Mise en pages : Annie Courtemanche
Couverture : Axel Pérez de León

Remerciements

Nous reconnaissons l'aide financière du gouvernement du Canada par l'entremise du Fonds du livre du Canada pour nos activités d'édition.
Nous remercions le Conseil des Arts du Canada et la Société de développement des entreprises culturelles du Québec (SODEC) du soutien accordé à notre programme de publication.
Gouvernement du Québec – Programme de crédit d'impôt pour l'édition de livres – gestion SODEC.

Les Éditions internationales Alain Stanké
Groupe Librex inc.
Une société de Québecor Média
La Tourelle
1055, boul. René-Lévesque Est
Bureau 300
Montréal (Québec) H2L 4S5
Tél. : 514 849-5259
Téléc. : 514 849-1388
www.10sur10.ca

Dépôt légal – Bibliothèque et Archives nationales du Québec et Bibliothèque et Archives Canada, 2015

ISBN : 978-2-8972-2006-8

Distribution au Canada
Messageries ADP Inc.
2315, rue de la Province
Longueuil (Québec) J4G 1G4
Tél. : 450 640-1234
Sans frais : 1 800 771-3022
www.messageries-adp.com

Ils se sont rencontrés un soir, dans un hôtel de Monaco. Au petit déjeuner, ils se sont racontés. Et puis elle est repartie à Montréal, et il a regagné Ramallah.

Ce livre est la suite de leur conversation.

PascaL 3 octobre 08:11 Je t'ai écrit toute la nuit, dans un demi-sommeil. Tu connais cet entre-deux, où l'on a trop de mots pour dormir mais pas assez de conscience pour se lever, les coucher sur une feuille ? Mais peut-être es-tu de celles qui ne laissent jamais durer les hésitations... Je t'imagine plutôt ainsi ce matin, comme le matin de notre tête-à-tête. J'ai fini par me lever. Un anniversaire hier, dans un bar de Jérusalem... La musique était mauvaise, et nous n'avons pas dansé. Cela fait longtemps que je n'ai pas dansé, peut-être parce que la chaleur des soirs se prête davantage aux terrasses qu'aux pistes de danse. Ou parce que Francesca est enceinte. Elle est en Italie en ce moment, elle envie mes soirées, les verres, les rires. Elle a mal au dos, elle ne marche qu'avec effort. Nous avons toujours dansé, nous avons dansé au milieu de la misère, et dansé pendant les incursions, nous avons été bloqués dans des bars, parce que sortir était dangereux.

Mais je me souviens d'une soirée musicale à l'Alliance française de Dhaka ; c'était un rendez-vous régulier, j'y faisais le DJ. Ce jeudi-là marquait le début de la guerre en Irak, les premières frappes sur Bagdad. Je voulais annuler la soirée. On m'a convaincu de l'animer tout de même, beaucoup de gens attendaient ce rendez-vous, un des rares moments de défoulement dans ce pays difficile. J'ai commencé par *Rock Around the Bunker*, de Serge Gainsbourg, j'ai passé les disques à contrecœur, et je n'ai pas dansé. Et puis il y a eu les bombardements sur Gaza, en janvier 2009. Ramallah était morte, là non plus nous n'avions pas le cœur à la danse. Nous essayions d'appeler nos amis là-bas, sous les bombes, et les communications ne passaient pas, et nous ne savions pas qui était mort, qui était vivant.

Et maintenant Francesca est enceinte, et c'est la vie dans son ventre qui nous empêche de danser, et je ne comprends pas pourquoi je ne suis pas plus heureux, plus insouciant. J'attends de sentir l'enfant, j'attends d'éprouver le bonheur ; pour l'instant la vie me pèse, comme elle pèse sur les reins de Francesca.

KIM 3 octobre 08:00 Je t'envie de vouloir danser encore.

La dernière fois que j'ai dansé, c'était à Hanoi sur la scène d'un vieux théâtre transformé en club. Il y avait encore sur les murs les vieilles photos des comédiens vietnamiens, retouchées au pinceau par le photographe, allongeant les cils, définissant la courbe des lèvres, amincissant le nez... Et, fièrement, il signait le portrait comme si c'était une peinture.

Dans les haut-parleurs, les mêmes chansons déferlaient tous les week-ends : l'incontournable *Hotel California*, la joyeuse *Lemon Tree* et la classique *Twist and Shout*. Nous croyions être ailleurs qu'à Hanoi dans cette salle noire, mais les pannes d'électricité, fréquentes et soudaines, nous ramenaient rapidement à ce pays en pleine construction.

Si nous insistions pour danser encore, pour ne pas retourner dans la lourde humidité de l'hiver hanoïen ou dans la chaleur torride des chambres aux rideaux verts en polyester, nous nous rendions dans un autre bar où les hommes étaient épiés, étudiés, examinés par des filles à la peau douce, imberbe, sans rides. Là-bas, la musique devenait diabolique, à la manière d'*Apocalypse Now*, prête à submerger tous ces hommes esseulés, consolés par les bras des professionnelles. L'alcool coulait à flots, mais puisque je ne bois pas, jamais, la confusion et l'imprécision des gestes de mon entourage me donnaient l'impression d'être myope, d'être loin. Ainsi, comme eux, j'étais une expatriée. Dans mon propre pays natal.

PASCAL 3 octobre 15:56 J'aime danser, mais la danse pour moi est le résultat d'une alchimie, comme une drogue rare. Ici les gens dansent beaucoup, sans alcool et sans complexes – lors des mariages, on danse avant le repas ; à peine arrivés les mariés ouvrent le bal et les invités se précipitent... Le déroulement est toujours le même, qu'on soit entre chirurgiens, dans un grand hôtel, ou entre agriculteurs, sur la place du village.

Lorsque j'habitais en Jordanie, une amie s'étonnait de la rigidité de cette société. « Dans toutes les cultures il y a un exutoire : la drogue, l'alcool, la transe, le sexe. Ici, rien. Comment les gens peuvent-ils supporter ça ? » disait-elle. Elle aimait l'Afrique, elle étouffait au Moyen-Orient. Elle ignorait à quel point la religion peut être un exutoire... Et surtout, elle n'avait jamais été conviée à un mariage.

Lors des cérémonies les plus traditionnelles, les hommes et les femmes sont séparés, on ne boit que du Coca-Cola et du thé, et pourtant l'ivresse est là : la danse est une libération, quelque chose qui monte à la tête. J'ai vu ces gens, jeunes, vieux, bras dessus, bras dessous dansant le *dabké*, en sueur, le cœur battant, les veines gonflées, la salle déborde d'éclats de rire et de percussions de tablas, les blagues fusent, on se tape dans les mains, ce sont les bêtes blagues de l'ivresse et les vrais sourires du bonheur.

Et j'aime les lendemains, la langue encore brûlante de tabac, la tête brumeuse et le corps endolori. Ce sont des journées qui passent lentement, comme des vacances de l'âme.

J'ai hâte que notre fils naisse, qu'il grandisse et soit en âge de danser. Il prendra la voiture et déguerpira, et nos soirées alors seront libres à nouveau, et je compte bien danser encore...

Après une courte marche en forêt d'automne, alors que j'attendais le retour des enfants qui étaient partis escalader la colline, ce souvenir d'enfance m'est revenu à travers la danse incessante et lascive des feuilles aux couleurs chaudes et du vent froid mais doux, presque amoureux.

Les Vietnamiens n'ont pas cette grâce quand ils dansent, car ils ne dansent que rarement, voire pas du tout.

La première fois que j'ai vu des Vietnamiennes danser, j'avais trois ou quatre ans. Mon père était haut fonctionnaire à Saigon. C'était le seul homme qui se présentait aux soirées avec sa femme accrochée à son bras. Mon père était amoureux des courbes prononcées de ma mère, une qualité plutôt rare chez les Vietnamiennes. Mais plus encore, il adulait ses mains aux longs doigts effilés, suivant la forme des feuilles de bambou, manucurées à la perfection et lourdement diamantées comme celles des princesses, des bourgeoises, des épouses qui n'étaient qu'épouses.

Je suis née exactement neuf mois et dix jours après leur mariage. Dès que j'ai pu m'asseoir dans une chaise haute, j'ai accompagné mes parents aussi bien aux dîners de fonction qu'aux amicales tables de poker. Ma nourrice devait me suivre partout, comme une ombre sans âme. Elle savait comment exister sans respirer, sans occuper l'espace, sans être vue. C'est la plus grande moniale bouddhiste que j'aie connue, car elle savait comment se préserver de tout sentiment, surtout de l'attachement… même si elle m'avait autour de la taille en permanence, à la façon d'une ceinture de chasteté.

Un soir, nous étions reçus dans un club appelé Maxime où il y avait des spectacles de danse. Les serveuses portaient d'indécents *ao dài* à trois pans au lieu de deux, fendus non plus seulement sur les côtés mais également au milieu jusqu'au nombril, par-dessus des pantalons longs et évasés. En ces temps-là, certaines femmes croyaient encore qu'elles pouvaient tomber enceintes juste en marchant dans le couloir d'air derrière l'homme qu'elles suivaient. Or, sur cette scène, des femmes se départaient de leur costume, un morceau à la fois, comme on épluche un épi de maïs.

Le soir suivant, debout sur les oreillers de mon lit après un bain chaud, d'un geste presque naturel, j'ai lancé ma serviette par terre en me déhanchant le plus possible comme mes nouvelles héroïnes, les effeuilleuses.

PASCAL 3 octobre 20:50 Mon ami David Brosset m'a envoyé un beau texte, le mois dernier : l'histoire d'un écrivain qui a perdu ses mots, qui les cherche en vain, dans les tiroirs de la cuisine, dans les articles d'un magazine, dans les livres de sa bibliothèque. Mais rien : ses mots à lui se sont envolés, ils sont sortis prendre l'air. Alors, l'écrivain enfile sa veste, et c'est la fin de l'histoire : le jour où l'écrivain perdit ses mots, il gagna une balade. Sans doute les retrouva-t-il sur le sentier d'une forêt d'automne, à l'endroit même où tu as retrouvé cette bribe d'enfance.

J'aurais adoré voir la petite Thúy s'effeuiller en dansant sur son lit, cela m'aurait sûrement amusé. Ou bien m'aurais-tu troublé ? Je suis surpris des gestes et des regards que peuvent lancer aux hommes les petites filles de cinq ans. Des regards en biais, faussement pudiques ou franchement charmeurs, des regards d'adulte. Comme si la séduction était innée, comme semble innée l'admiration que portent les petits garçons aux tracteurs et aux avions supersoniques, quand leurs pères ne sont ni agriculteurs ni pilotes de chasse. Cela me paraît aussi étonnant que ces fourmis qui naissent avec une fonction sociale déterminée ou que ces oiseaux migrateurs qui trouvent leur chemin sans l'avoir appris. Mes amis féministes ou anthropologues me répondent qu'il n'y a rien d'inné là-dedans, que les divisions sexuelles sont le simple fruit d'un formatage social. Ainsi as-tu suivi l'exemple des effeuilleuses, et ai-je appris à fabriquer un arc.

Soudaines visions de pagnes et de viande saignante, dévorée autour d'un feu de Néandertal… Nos gestes sont millénaires, c'est sans doute pour cela que nous retrouvons mieux nos mots quand le pied pèse sur le sol, quand le corps est en marche, sous les grands arbres.

PASCAL 3 octobre 22:45 J'entends des cris dehors. C'est un drôle de quartier : d'un côté la rue est calme, plutôt bourgeoise ; elle est plus populaire de l'autre. Maintenant c'est une femme qui crie, il y a beaucoup de gens, ils parlent tous trop fort, je ne comprends rien. Ici plus qu'ailleurs, la vie se fait volontiers théâtre. Un soir du mois dernier, deux jeunes en sont venus aux mains pour une misérable histoire de quelques shekels. La tension est montée, les voisins sont sortis, les familles, tout le monde a essayé de les séparer, des silhouettes luttant dans la lumière jaune des réverbères. Finalement, ils ont réussi à ramener un des jeunes à la maison. Et comme je m'y attendais, il est ressorti quelques minutes plus tard en courant, un couteau à la main. Mais dans ces cas-là on ne court jamais très vite, on laisse les amis vous rattraper, et quand le couteau se lève alors le bras attend un peu, que quelqu'un l'attrape, que quelqu'un l'empêche. Et l'honneur est sauf, sans qu'il y ait de sang versé. Les familles se rencontrent, on fait du café, on discute, on règle l'affaire. La police arrive beaucoup plus tard, quand tout est fini. On a rarement besoin d'elle.

Cette histoire de rue, bourgeoise d'un côté et populaire de l'autre, me rappelle ce que m'a dit un jour Michel Chaillou : l'écrivain devrait être un domestique, un domestique qui se tient droit, près des hautes fenêtres. Quelqu'un qui entend les murmures des puissants, dans les salons, mais qui entend aussi les cris de la rue.

KIM 3 octobre 16:06 En attendant des nouvelles de toi hier, j'ai relu la première page du *Captif amoureux* de Jean Genet. Je ne connaissais rien de la Palestine, sauf cette comparaison de la réalité des Palestiniens à des espaces blancs entre les phrases. Aujourd'hui, avec tes mots et entre tes mots, je vois de la fumée, non pas seulement celle des explosions, mais aussi celle des poêles et des thés, des chaleurs qui ne font pas les manchettes.

PASCAL 4 octobre 00:02 Genet se sent impuissant à décrire cette réalité et, qu'on soit poète ou journaliste, il est vrai que c'est une gageure... Il existe une inévitable distance entre le témoin du drame et ses acteurs, et ce n'est pas toujours une distance objective, c'est parfois quelque chose qu'on crée de toutes pièces. J'avais passé une très belle journée avec Mazen, un peintre d'une cinquantaine d'années. Il a écrit aussi, notamment une pièce de théâtre, l'histoire d'un homme qui sort de prison et qui est devenu impuissant. La trame m'avait touché parce que même si les récits de prison sont fréquents ici, on parle peu de l'après. Et surtout de la sexualité de l'après. C'était une belle idée.

Nous avons passé l'après-midi à parler, à vider théières et paquets de cigarettes dans son atelier encombré – le soir venu, nous avons mangé ensemble, sur la terrasse, en admirant le soleil qui se couchait sur les collines. Je lui ai parlé de la Jordanie, où j'ai habité. Il m'a demandé si j'avais aimé ce pays. Lui y avait passé neuf ans, dans une prison.

Ça m'a rendu muet. Pour une raison que j'ignore, je percevais ses œuvres comme des fictions. Je me rendais brusquement compte que c'était du vécu. Je me suis alors soudain senti incapable d'échanger plus longtemps avec lui ; comment pouvais-je avoir quoi que ce soit à dire à cet écrivain, qui avait fait l'expérience de la faim, de la soif et de la solitude, à cet homme qui avait passé neuf ans de sa vie derrière des barreaux ? Je suis parti.

Et c'était idiot, vraiment, puisque nous avions passé de si belles heures ensemble... J'avais créé une distance là où il n'y en avait pas, où il n'aurait pas dû y en avoir.

KIM 4 octobre 17:58 Je crois que ceux qui ont couché avec l'horreur cherchent à côtoyer la pureté ou une certaine innocence afin d'en revenir... de réduire justement cette distance dont tu parles. Alors, ne bouge pas, reste, afin de lui donner le temps de marcher jusqu'à toi, jusqu'à la lumière, jusqu'à l'humain qu'il était.

PASCAL 4 octobre 10:27 Encore un dîner ce soir, à Jérusalem. On n'y va pas souvent, à Jérusalem, c'est tout près mais il y a le mur, les *checkpoints*. C'est rarement violent, mais c'est comme si la violence de cette séparation avait marqué le paysage, creusé des nids-de-poule dans les routes, des trous dans les murs. Je me rends compte maintenant de ce qui me touche quand je traverse cette zone : il y fait noir. Peu de réverbères, parfois aucun. De part et d'autre, c'est la vie des villes, les centres commerciaux, les néons des restaurants, les cafés. Entre les deux, il y a ce gouffre.

KIM 4 octobre 06:35 J'étais à Berlin avant Monaco. Mon hôtel, l'ambassade canadienne, la Potsdamer Platz et d'autres édifices dessinés par des architectes de renom ont été bâtis exactement là où se trouvait autrefois le mur. Plus aucune trace de ce passé, sauf quelques pans de béton aux graffitis exposés sur un coin de rue, comme de simples œuvres d'art abstrait que nous ignorons et devant lesquelles nous évitons de hurler : « Mais, ciel ! Pourquoi ? »

En vingt ans, nous avons réussi à effacer une histoire pour en recommencer ailleurs une autre, semblable, plus violente.

Il était possible pour moi de danser sur le mur devant la porte de Brandebourg, le 31 décembre 1989, avec des milliers de gens venus du monde entier, pour faire croire, temporairement, qu'il serait possible d'abattre tous les murs en chantant d'une seule voix, quelle que soit la langue maternelle.

Mais sera-t-il un jour possible pour toi de danser sur ce nouveau mur qui, il me semble, t'isole du reste du monde ?

PASCAL 4 octobre 12:54 Je ne sais pas. Ce mur-ci est terrible parce qu'il est haut de huit mètres d'opacité et qu'il masque la banalité du réel ; on peut imaginer ce qu'on veut au-delà, des monstres issus de nos préjugés et de nos peurs, un Autre qui soit exactement ce dont on a besoin : un ennemi sanguinaire, le repoussoir maléfique qui aide à se construire. Mais il est tant d'autres murs dont on parle moins – ceux qui protègent l'Espagne de l'Afrique, les États-Unis du Mexique, ces murs qui traversent des continents, séparent le Nord du Sud – et ceux dont on ne parle pas du tout, les enceintes des résidences surveillées, les murs des *compounds*, des ambassades... On se demande comment un ambassadeur peut faire son travail, quand son bureau est retranché derrière des barbelés. Il nous faudrait des plaines pour danser, de vastes plaines où rien ne viendrait arrêter la musique.

J'ai parcouru récemment un beau livre de l'artiste suisse Dominique de Rivaz, qui a suivi à pied l'ancien tracé du mur de Berlin, en ville et dans la campagne alentour. Parfois les traces sont imperceptibles, parfois la nature porte encore une cicatrice profonde : des forêts coupées en deux, des champs à l'abandon, des terrains vagues. Et puis quelques pans restés debout, qui peinent à provoquer une quelconque émotion, comme tu le dis. Des pans sans mur, comme des portes en négatif, le souvenir de ce qui n'a pas été.

Et pourtant cela reste un lieu de pèlerinage, une attraction... Comme si le mur était un simple monument, pas plus odieux en somme que les arcs de triomphe qui commémorent les guerres et les victoires sanglantes. Des bus de touristes viennent parfois admirer le mur israélien : on prend des photos, on hoche gravement la tête, on s'émerveille en silence. Paradoxalement, il ne m'isole pas tant que ça, ce mur, puisqu'il attire le monde extérieur et place ma résidence au cœur de l'actualité. Ainsi, c'est sur ce mur que je peux construire mon récit, appuyer les fragments, adosser des histoires.

Kɪᴍ 4 octobre 06:14 Et si la fin de cette histoire commençait par le début d'une nouvelle vie, celle de l'enfant qui portera ton nom ?

PASCAL 4 octobre 13:56 Je ne sais pas s'il portera mon nom. J'en étais fier, j'en suis un peu lassé… C'est un nom fatigant, d'autant que ce n'est plus juste un nom, c'est aussi un mot sur des livres. On me demande comment ça s'écrit, comment ça se prononce, ou alors on ne me demande rien, on l'écrit de travers et on le prononce mal. Mais tu connais ça. C'est être étranger d'emblée que de porter un de ces noms tordus qui disent les aléas des migrations, les vents changeants des dictatures, des guerres, de la pauvreté…

J'en parlais hier avec Ammar. Ammar est espagnol, de père palestinien. Son intérêt pour la Palestine, il le doit à son prénom : à chaque rencontre, on s'étonne, Ammar, pourquoi Ammar ? Alors il parle de son père palestinien, on lui pose des questions sur la Palestine… Ammar est devenu chercheur, il étudie Palestine et Palestiniens sous toutes leurs coutures. Maintenant, quand il dit son nom, il parle déjà de son travail.

KIM 4 octobre 09:05 Alors Pascal, qui est Janovjak ?

PASCAL 4 octobre 16:55 Janovjak est un nom slave que l'on trouve encore sur une colline, en Slovaquie. La légende veut que mes ancêtres aient été des bandits de grand chemin venus de Pologne. Il y a d'ailleurs un héros célèbre en Slovaquie, Juraj Jánošík, une espèce de Robin des Bois du XVIIIᵉ siècle – en torturant l'étymologie et la phonétique, mon grand-père prétendait qu'on pouvait passer d'un nom à l'autre, et que nous étions des descendants de ce héros. Il racontait aussi qu'il connaissait, dans le nord du pays, une grotte qui avait abrité ces bandits : un endroit sauvage et retiré où poussent encore des pommes de terre, ultime vestige d'une occupation humaine.

Ce sont des origines que je te décris avec un sourire, elles font partie d'une pléthore de légendes nées au creuset des générations. Rien de tout cela n'est vrai ; pourtant ces histoires ont marqué l'enfant qui les écoutait... Je grimpais le sentier qui plongeait dans la forêt, en Alsace, je me tenais aux aguets derrière les grands arbres, je tendais des pièges, et puis j'assaillais les armées hongroises, seul contre mille, et mon épée de bois frappait les branches...

KIM 4 octobre 11:17 Tu m'appelles Kim, comme tout le monde, alors que je m'appelle Thúy. Pendant longtemps, j'ai envié les Françaises de pouvoir porter le nom de leur époux, comme une nouvelle peau, une nouvelle page, un nouveau visage, alors que moi je devais raccourcir mon nom pour qu'il ne porte plus de visage, justement... ou plutôt injustement.

Dany Laferrière a écrit que le travail d'un colonisateur est d'amener le colonisé à avoir honte de lui-même. Cet énoncé explique peut-être la fascination que nous avons pour le Blanc. Les Vietnamiens disent d'une fille : elle est belle comme une Blanche. Alors, afin de se tendre vers l'Occident, nous débridons nos yeux en créant des plis palpébraux, des paupières doubles par de fines incisions. En moins de deux semaines se forment de fières cicatrices qui illustrent ce classique sentiment d'amour-haine que les victimes entretiennent envers leurs bourreaux.

PASCAL 4 octobre 19:21 La colonisation israélienne n'est pas une colonisation classique, façon Indochine française, puisqu'il s'agit d'occuper des territoires sans annexer des populations. Elle a pourtant des effets similaires à ceux que tu décris. Ce ne sera jamais écrit nulle part ici, mais les Palestiniens aimeraient souvent ressembler à l'occupant : ils achètent israélien, consomment israélien... C'est un système pervers, on leur laisse peu de choix puisqu'ils ne contrôlent pas leurs frontières. Mais il s'agit aussi d'une préférence pour le produit étranger, qu'ils estiment meilleur. Ainsi le bourreau devient-il modèle, et le mépris de soi dépasse-t-il parfois la haine de l'autre. Et quand les enfants jouent à Gaza, ils s'imaginent parfois en soldat israélien, aux commandes d'un avion de chasse. C'est le superhéros le plus proche d'eux...

Mais l'occupant connaît des complexes analogues, parce qu'on ne devient pas le plus fort sans en payer le prix. Le goût amer de la domination... Je n'ai jamais compris s'il fallait gagner ou perdre au poker pour être vraiment satisfait de sa soirée, une fois tombée l'adrénaline. Peut-être faudrait-il se contenter de regarder les autres jouer... Il en va des conflits comme des amours : on se blesse toujours, en étreignant.

J'aime penser que pendant que tu enviais les Françaises et leur nom, elles enviaient ton visage... Je continuerai à t'appeler Kim, si tu veux bien. Sinon tu deviendrais une autre.

KIM 4 octobre 12:43 Appelle-moi Kim.

Pendant longtemps, j'ai détesté le son du *k*, si dur, si loin du bout de la langue, si éloigné des murmures. En plus, si court, si bref... Mais depuis qu'un homme m'a retenue en chuchotant : « Kim, mon cœur », « Kim, mon ange », je ne me sépare plus de ce nom qui sonnait jusqu'alors si laid à mes oreilles, même si ç'a été mon choix de laisser tomber Thúy, un choix volontaire de me détester.

Je voulais donner des noms de points géographiques à mes enfants : India, Arizona, China... J'ai cherché des villes québécoises. Mais comment leur infliger Roberval, Rouyn-Noranda, Val-Morin... ?

Je croyais qu'avec ces villes je brouillerais les cartes : plus personne ne pourrait identifier leur lieu originel. Par le fait même, j'aurais fait sauter les frontières. *What if* ? Et si les enfants avaient ce pouvoir de « changer le monde », un nom à la fois ? Les mères passent neuf mois à transmettre leurs rêves manqués à l'enfant. Elles croient que l'enfant porte leur avenir, celui qu'elles tentent de réécrire.

Tu vois, tu es l'incarnation même de ce que j'aurais aimé être : multiple donc inidentifiable. On doit te découvrir, fragment par fragment, couche par couche, soupir par soupir.

PASCAL 4 octobre 19:53 Mais pourquoi détestais-tu Thúy ?

PASCAL 4 octobre 21:16 Non, mauvaise question. Je te propose plutôt celle-ci : si tu devais porter le nom d'une ville, laquelle choisirais-tu ?

KIM 4 octobre 23:26 Je n'ai pas détesté Thúy. Je l'ai tout simplement écarté, l'excuse étant qu'il sonne comme le mot « twit », qui veut dire « niais », « idiot » en québécois. La vraie raison est ailleurs.

Tu sais, quand nous venions d'arriver au Québec, les nouvelles mères donnaient souvent à leurs enfants des prénoms français, même si elles n'étaient pas capables de les prononcer. Je me souviens de cette femme si frêle, si petite, couturière couverte de poussière de tissu, nous présentant son nouveau-né. Le bébé au sein, elle disait fièrement mais laborieusement : « *Con tên* Pi-r. »

Pendant des semaines, j'ai cru que Pi-r était un nom vietnamien des régions montagneuses qui signifiait peut-être « renouveau » ou « source », ou encore « sifflement du vent ». Mais ce n'était que Pierre, prononcé par une Vietnamienne clouée à sa machine à coudre jour et nuit, espérant que son fils porterait un visage aussi commun et banal que ce nom.

De lointains cousins américains ont choisi de remplacer Dung par Tony. En vietnamien, *dung* veut dire « courage » et, en anglais, « excréments d'animaux ». Alors, on choisit Tony comme les garçons des films de mafia : courageux. Et pour les filles, on échange Bich contre Betty, sans connaître Betty Boop ni Bette Davis. On a voulu éviter *bitch*, on s'est retrouvé avec des *sex-symbols*.

Par manque de courage, j'ai troqué Thúy contre Kim, un deuxième prénom porté par toutes les femmes de ma grande famille comme une marque de notre appartenance à un clan. Or, au Québec, j'ai adopté ce nom pour me détacher de mon arbre généalogique et m'insérer ailleurs, dans l'anonymat.

Je ne sais pas quel nom de ville je choisirais, mais j'aime Rumor… C'est joli, tu ne trouves pas ?

Pascal 5 octobre 12:10 À mes oreilles, cela sonne un peu viking, Rumor, assez violent – à l'opposé de la douce « rumeur » du ruisseau, plutôt comme *il rumore* italien, qui signifie « bruit ». Finalement, choisir un nom qui soit acceptable dans toutes les langues, qui ne signifie « excrément de chien » nulle part, c'est assez difficile. Notre ami Gabriel se creuse encore la tête pour trouver un prénom à sa future fille. Il est suisse romand, sa mère est italienne et sa compagne australienne. Il a une préférence pour les prénoms italiens, mais ils sont souvent odieux, prononcés à la française, Giulia, Chiara... Et à ces problèmes de sonorités et de jeux de mots dans les cours d'école viennent s'ajouter toutes les réminiscences personnelles. Impossible de donner le prénom d'une ancienne amante à sa fille, évidemment. Ni celui de la première ministre australienne, paraît-il. Clara ? Clara, c'est joli, oui, mais Gabriel ne peut s'empêcher d'y associer le visage d'une star du porno. Je pense qu'il est le seul pour qui le lien est flagrant, mais j'imagine qu'il partage une longue histoire avec Clara Morgane.

Nous avions choisi Anaïs pour notre enfant, et puis sur l'écran de l'échographie elle s'est avérée posséder quelques pixels de ce qui fait un mâle. Cela fut difficile, je rêvais d'une fille, maladroitement je l'avais déjà personnifiée. Anaïs est repartie au pays des songes, et maintenant c'est un autre être qui est là, comme un intrus qui se serait invité dans le ventre de Francesca. Il nous faudra attendre un peu avant de rêver à un prénom.

Mes parents ont décidé de nous donner des prénoms français, à mes deux frères et à moi, puisque notre nom de famille est slovaque. Je n'ai aucune idée du genre de prénom à donner à notre fils, lui qui naîtra avec quatre nationalités.

PASCAL 5 octobre 12:27 En fait, notre étrangeté est exponentielle. C'est mon métissage qui m'a donné le goût du voyage, lequel provoque d'autres métissages… Il y a une grande richesse dans ces mélanges, évidemment, mais aussi des manques, et des dangers. Dont celui de penser qu'un Pierre Legrand de Paris, qu'une Carol McConnor d'Édimbourg ou qu'un Mohammed Alawi d'Amman sont des personnes entières, lisses et sans angoisses identitaires.

KIM 5 octobre 21:34 Je suis désolée de ne pas avoir été au poste aujourd'hui. Ma vie me dépasse. Elle semble être une course sans fin où le souvenir d'un petit déjeuner en ta compagnie et celle d'une libellule qui a suspendu son vol dans le vaste espace de notre hôtel à Monaco s'apparente à une scène de film de science-fiction. Tu te souviens de la transparence irisée de ses ailes, qu'elle reposait sur le dossier de la chaise à côté de nous ?

J'ai un ami photographe qui se spécialise dans la photographie des nuages. C'est grâce à lui que j'ai appris à regarder le ciel. Mais je le regarde aussi afin de montrer toutes les formes, parfois sensuelles, parfois menaçantes, que prennent ces boules de ouate à mes enfants afin qu'ils grandissent comme tous les enfants. Et, comme tous les enfants, mon fils me demande si je vois le poisson rouge, ou la voiture, ou les chaussettes flotter au-dessus de nous. Très souvent, j'évite de répondre parce que cette faculté d'imagination me fait défaut.

Parce que je te parle de nuages, il n'y en a pas un seul devant moi… Seulement des feuilles rouge translucide, jaune vif, orange profond qui virevoltent doucement avant de colorer les trottoirs et les rues… Ces feuilles, comme Marilyn Monroe, meurent au moment d'atteindre le sommet de leur beauté.

Dis-moi, est-ce que tu sais lire les nuages comme tous les enfants ? Ou plutôt, est-ce que tu voudras montrer à ton enfant comment lire les nuages ?

PASCAL 6 octobre 02:39 La Lune cette nuit est ailleurs, nouvelle peut-être, ou déjà passée par-delà l'horizon, cachée, lointaine comme le temps d'une libellule et d'un thé... L'important est de savoir qu'elle est là, invisible mais présente.

Nous avons mangé une fondue avec quelques amis ; c'est devenu une habitude depuis que nous avons rapporté un caquelon d'un séjour en Suisse. On l'apprécie, il ne fait pas trop chaud. Je me rappelle d'une autre fondue, au Bangladesh. L'ambassadeur suisse avait mis la climatisation à fond pour en profiter mieux... Les expatriés connaissent toutes sortes de techniques pour nier leur environnement. C'est nécessaire, à petites doses, quand ça ne devient pas un enfermement.

Gabriel fut le dernier à partir. Nous avons regardé le ciel, devant la maison. Il n'y avait pas de nuages. J'aime les nuages et je sais les lire, bien que j'aime leurs formes pour elles-mêmes, des abstractions de vapeur, des agglomérats qui passent, des traînées suspendues, où joue la lumière du couchant... Je les préfère ainsi à ce qu'ils peuvent représenter dans l'imaginaire des enfants, chapeaux et chaussettes... Passer du plaisir du symbole à la jouissance de la chose : cela fait partie je crois du parcours de l'humain. Nous avons donc regardé les choses suspendues là, vierges de nuages. Je connais quelques constellations, mais Gabriel est imbattable : il m'a montré Andromède, Cassiopée, Pégase et les Pléiades, au zénith... et puis Aldébaran, en dessous, dans la constellation du Taureau, et puis Orion, Bételgeuse, rouge, et Rigel, bleue... Sirius qui brille tout en bas, et d'autres dont je ne me souviens plus, nous avions beaucoup bu.

Là encore il n'y a nulle forme intelligible, juste des carrés, des lignes, des triangles, et les mots dont les Anciens ont revêtu ces lumières insensées, pour se repérer dans l'infini. J'apprendrai ces mots à mon fils, oui... À vrai dire, je n'imagine pas grand-chose de plus beau à lui apprendre.

KIM 7 octobre 07:34 Je t'ai parlé de nuages parce que je viens tout juste de les découvrir. Pendant longtemps, j'ai couru sans jamais lever la tête vers le ciel, seulement en avant, même si je ne savais pas ce que je trouverais en avant, ni si l'avant me convenait.

Une fois, j'ai voulu tendre la main à une famille mexicaine. Le père avait tous les doigts de la main droite amputés. Il ne parlait ni français ni anglais et n'avait jamais travaillé dans une cuisine. Mais voilà, comment le refuser quand je savais qu'il avait dix enfants à nourrir dans un minuscule nid ? Mon équipe au restaurant et moi l'avons embrassé inconditionnellement, de la même manière que les Québécois m'ont prise sous leur aile à mon arrivée. Même si le menu était vietnamien, des mots comme *camarones*, *arroz*, *querida* traversaient joyeusement la cuisine parmi le ronronnement de la hotte et la cacophonie des poêles lancées à la hâte dans les éviers débordants. Au milieu de la mélodie de ces mots nouveaux, je me suis emportée. Dans un élan, j'ai proposé à sa fille de quinze ans de s'occuper du repassage des chemises de mon mari au lieu de le faire faire par le nettoyeur. Elle m'est revenue à la fin de la journée en déclarant : « Je n'aime pas repasser. » Je suis restée sur le seuil de la porte après son départ, bouche bée. Et moi, qu'est-ce que je n'aime pas ? Ou encore qu'est-ce j'aime ? J'avais déjà plus de trente-cinq ans et je ne m'étais jamais posé ces deux questions.

C'est ainsi que j'ai recommencé depuis le début : regarder les nuages, comme les enfants qui se couchent dans l'herbe et pouffent de rire parce qu'ils voient un ange se gratter les fesses. Mais je n'y vois rien, sauf des formes changeantes, illisibles. Alors, je mens, j'invente des images afin que mes fils n'héritent pas de mon manque d'imagination.

Je mens aussi sur ma couleur préférée, mais mon fils aîné le sait parce que je me trompe de réponse parfois.

KIM 7 octobre 07:37 Par quel chemin faut-il passer pour rencontrer sa couleur préférée ? Comment trouver sa couleur préférée ?

PASCAL 7 octobre 15:32 Cet été, sur les rives de la mer Rouge, j'ai rencontré un Californien qui m'a expliqué cette chose très simple : Barack Obama est un président faible parce que sa vision du monde est complexe et ses objectifs multiples, tandis que George W. Bush était fort, parce que sa vision du monde est étroite et ses buts simples, acérés, à la manière d'un brise-glace. Tu ne m'en voudras pas d'inviter ces deux-là dans notre conversation... Je crois que tu as raison : il est bon d'avoir une couleur préférée. Il est bon de savoir ce que l'on aime et ce que l'on ne peut accepter. Et il est bon de réduire l'infinie complexité du monde, les formes changeantes du réel, à la figure simple d'un ange qui se gratte les fesses.

Parce que la multiplicité des expériences nous menace de dissolution. Je n'ai jamais couru tête baissée. D'aussi loin que je me souvienne, j'ai contemplé le monde, les étoiles, les nuages et les hommes. Mes yeux avec les années se sont élargis et ont développé de nouvelles facettes, et certains matins je me réveille avec de gros yeux de mouche. C'est très désagréable, cela me flanque des migraines terribles, je me cogne contre les murs, j'ai besoin de longues minutes dans la salle de bain pour les résorber, les rentrer, les tasser dans leurs orbites et retrouver une apparence humaine.

Mais lorsque j'écris ils ressortent, et je ne sais pas pourquoi je devrais choisir ce mot-ci plutôt que celui-là, et pourquoi cette histoire-ci – précisément cette histoire, parmi tant d'autres. La seule solution alors est d'aller de l'avant, le plus vite possible et seulement en avant, même sans savoir ce qui m'attend.

Pascal 7 octobre 16:03 Je me souviens de cet homme de ménage, pas plus haut que trois pommes, qui travaillait chez nous. Il parlait mal l'anglais ; je ne sais pas s'il avait quelque chose contre la lessive et le repassage, mais c'était également sa première expérience en ce domaine. Un jour, nous avions acheté de l'eau de Javel, un grand bidon pour les sols.

Le lendemain, je me rappelle avoir longtemps considéré ces drôles de chemises qui séchaient, suspendues près d'une fenêtre. Elles m'étaient familières, j'en reconnaissais la coupe, les cols. Mais je ne reconnaissais pas cette couleur-là, cet étrange blanc aux reflets bleuâtres, teinté d'un rose délavé. À devoir choisir, c'est peut-être là ma couleur préférée.

KIM 7 octobre 15:52 Certaines personnes trouvent leur couleur préférée dans un ciel étoilé. La première personne qui m'ait parlé d'étoiles était Nam, il y a vingt ans. Il était adossé contre la rampe d'une grande terrasse, une cigarette entre les doigts, les pieds croisés, la tête légèrement penchée vers la droite, le regard de biais, incisif. Les Vietnamiens, même devenus québécois, n'ont pas le droit de tenir une posture aussi insolente, qui jure avec la rectitude imposée aux jeunes filles aux genoux collés l'un contre l'autre, assises sagement sur des chaises de jardin, discutant de leur examen d'admission en médecine, en pharmacie, en dentisterie, ou encore de la taille du diamant sur leur bague de fiançailles.

Nam était à l'écart du groupe des garçons parce que – personne ne savait pourquoi –, pendant des mois, il avait été absent lors de ces après-midi où les mères vietnamiennes se rencontraient, après une cérémonie de mariage ou de fiançailles, pour discuter des bulletins scolaires de leurs enfants et, surtout, pour repérer les futurs gendres et brus. Quelqu'un m'a dit qu'il y a plus de mariages entre différentes origines qu'entre différentes classes sociales. C'est peut-être pour cette raison que ces mères tentaient d'agencer les notes parfaites avec les promesses de carrières parfaites en entassant les enfants similaires dans un seul et même lieu, espérant que la chimie s'opérerait, évitant ainsi le hasard et les amours égarées.

J'ai entendu les filles demander à Nam quel était son métier. J'étais en bas de la terrasse, loin des autres, à quatre pattes sous le pommier en fleurs avec des enfants sur mon dos et des pétales dans les cheveux. Et un peu de chocolat sur les joues, évidemment. Nous riions à tue-tête jusqu'au moment où Nam a imposé un silence déconcertant, puisque inhabituel, en répondant : « Je suis boucher. »

J'ai laissé tomber les enfants pour courir jusqu'à lui. Je savais comment devenir médecin et, encore mieux, quelles mères avaient des enfants médecins. Mais je ne savais pas comment un Vietnamien pouvait devenir boucher. Nam, dis-moi comment. Je n'avais pas grimpé les marches assez rapidement. Un de ses amis l'avait déjà dénoncé : « Quelle rigolade, il est chirurgien ! »

Déçue, je suis repartie de cette réunion printanière avec ma robe parfumée d'herbes fraîches et d'encens au camphre, brûlé en signe de gratitude envers les ancêtres des futurs mariés. Les Vietnamiens croient que nous sommes le résultat de ce que nos ancêtres étaient. Il était donc impératif de se prosterner devant eux même si, parfois, nous ne les avions pas connus.

J'ai retrouvé Nam un an plus tard, quand les mariés se sont juré fidélité devant quatre cents invités, dans un grand restaurant chinois. Pendant que les filles d'honneur s'affairaient à changer de robe sans faire tomber ni les faux cils ni les fausses boucles anglaises, je suis restée assise à côté de Nam pour l'écouter me parler des couleurs de l'aurore boréale, de la légèreté du silence polaire et, comme Monique Proulx dirait, du « sexe des étoiles ». Il m'a décrit le battement d'ailes des hérons et la liberté de marcher vers nulle part.

Et c'est ainsi que je suis sortie de la salle avec Nam pour regarder ma première étoile.

KIM 9 octobre 08:51 Hier, c'était une journée de drogues. Les pilules miracles me permettaient de vaincre la toux mais, dès que je me trouvais en position confortable, je tombais endormie avant d'avoir le temps de m'allonger. Que de sommes hallucinatoires : je me croyais en Chine parce que l'odeur de la sauce soya planait dans la maison. Et puis je pensais devoir porter une ceinture de plongée pour pouvoir m'asseoir sans flotter. Plus je me forçais à rester en place, plus mon corps se remplissait comme un ballon d'hélium pour s'envoler. Une pilule de codéine et voilà, j'étais en orbite telle Julie Payette, l'astronaute canadienne à qui j'ai serré la main hier. Elle a été envoyée à deux reprises dans l'espace. Donc, entre la Lune et moi, il n'y a plus qu'un degré de séparation.

De toutes ces hallucinations, une seule s'est concrétisée. Mon fils autiste, celui pour qui l'utilité du langage reste insaisissable, m'a sortie de ma torpeur en ouvrant la porte de la verrière et en prononçant clairement : « Le chat. » Je n'avais pas compris ce mot tout simple parce qu'il était étranger dans sa bouche. La troisième fois, je me suis levée de ma chaise non pas pour regarder mais pour refermer la porte. Et qu'ai-je vu ? Un chat.

— Ah, un chat !

— Miaou, a confirmé mon fils.

Je n'ai pas halluciné, je te le jure. Ce n'était pas tant sa capacité à prononcer ce mot que son désir de communiquer avec moi, de partager avec moi, de m'inclure dans sa bulle qui m'a surprise. Pourquoi maintenant, après huit ans de vie ensemble, de sommeils aléatoires, de silences imposés ? Je n'aurai jamais la réponse. Peut-être se sentait-il finalement plus fort qu'un moi malade et était-il ainsi en devoir de me sortir de ma bulle de codéine plutôt que moi, de l'extirper de sa bulle autistique.

PASCAL 9 octobre 16:56 Je suis touché d'être témoin de cette scène, de la partager ainsi, presque en direct. Petit, je me souviens d'avoir rêvé de vivre dans une bulle. Sans doute l'idée m'en a-t-elle été inspirée par un dessin animé qui passait alors sur une chaîne française : Clémentine, une petite fille en chaise roulante, vivait en songe d'extraordinaires aventures où elle se déplaçait dans une bulle. Elle devait lutter contre une espèce de diable, personnification du Mal et symbole de ses maux, de sa douleur de fillette handicapée.

Peut-être ce dessin animé a-t-il hanté mes rêves – ou bien est-ce l'inverse, et ses auteurs se sont-ils inspirés d'un fantasme infantile courant : vivre dans une bulle. Voyager, voler, voir, à l'abri d'une paroi transparente que je pouvais ouvrir à tout moment selon mes désirs, et refermer immédiatement, au gré de mes peurs.

Je me rappelle ces après-midi solitaires, à quatre pattes dans une chambre, construisant des univers avec le simple concours de quelques jouets. Je ne fuyais pas les compagnons de jeu : je n'en avais nul besoin.

Bien après le cocon de l'enfance, j'ai souvent eu l'impression de vivre dans des bulles. Celles de la différence : être slovaque en Suisse, suisse en France, français ailleurs, expatrié en Asie, riche parmi les pauvres. Habitant à Ramallah, dont on dit souvent que c'est une bulle, car la vie y est plus facile qu'ailleurs en Palestine, et la Palestine elle-même, un ghetto, insérée dans un pays qui s'enferme lui-même dans le souvenir obsédant d'autres ghettos... On pourrait y voir une série d'aventures quand il n'y a là que poupées russes, à l'infini : derrière chaque obstacle, derrière chaque paroi s'en dresse une autre ; et comment faire pour en sortir vraiment, sortir vraiment de soi ?

Tout le défi est là, pour qui commence sa vie à l'abri d'un placenta et va la finir entre les planches d'un cercueil : sortir, brûler ses poumons à l'air, sa peau au soleil.

PASCAL 9 octobre 17:07 On a parfois besoin d'un chat, de quelque chose de furtif, qui fasse irruption.

PASCAL 9 octobre 20:59 Je me souviens d'un de ces mille moments déterminants de l'enfance. Un père et son fils, sur une plage en Italie. C'est une plage de galets, rocheuse aussi : il y a là un promontoire, et un long plongeoir qui mène au-dessus des eaux sombres. Aux yeux de l'enfant qui grelotte au bout de la planche, la distance qui le sépare de l'eau est infinie, et ses pieds nus sont au bord d'un abîme. Tout en bas glissent les vagues, les lignes fines de leur écume.

Le père encourage l'enfant. D'abord ce ne sont que des mots, les sons graves et doux de la grande silhouette protectrice, debout derrière l'enfant. Mais les mots ne réduisent pas la distance qui le sépare des eaux sombres : à chaque mot, le vertige augmente.

Alors le père gonfle ses mots, il y glisse une récompense : un couteau. Quelque chose qui servira à scier des branches, à tailler du bois, à décapsuler des bouteilles, à tourner des vis. Quelque chose de lourd et de brillant, que l'enfant pourra tenir dans sa main.

L'enfant hésite, se penche un peu, vers les eaux sombres – l'équilibre à peine brisé le terrorise. Il fait un pas en arrière.

C'est de très loin qu'arrive quelque chose qui vient en aide à l'homme, et à l'enfant : une simple plume, posée sur le courant, une plume blanche dansant sur les eaux sombres. L'enfant n'a jamais vu de plume aussi grande, il la montre à son père, il la regarde s'approcher. Elle passe sous le plongeoir, immense, elle tangue comme un beau sourire. Elle s'éloigne. Si l'enfant hésite encore, elle sera hors de portée.

Je ne sais pas si j'ai finalement attrapé cette plume, je n'ai plus le souvenir de sa douceur dans mes mains avides. Ce dont je me souviens, c'est d'avoir passé le restant de la journée à sortir de l'eau, à courir sur les galets,

sur les rochers, sur la longue planche – jouir du vertige,
sentir siffler le vent, manquer d'air, percer les flots.

Kim 10 octobre 09:06 Ma mère disait que son rêve était d'avoir des enfants moyens : ni trop beaux, ni trop laids, ni trop intelligents, ni trop idiots. Autrement, ses enfants se retrouveraient dans la marge, ne pourraient pas se fondre dans la masse.

Malheureusement, elle n'a eu que des enfants peu jolis. Dès que j'ai été en mesure de voir dans ses yeux mon reflet, elle s'est mise à me répéter sans cesse : « Ma fille, je ne t'ai pas donné la beauté, ni l'intelligence, contrairement à tes cousins, qui ont tout reçu génétiquement. Si tu veux exister, il faut que tu te construises un intérieur, de l'intérieur. Tu ne peux améliorer ton enveloppe physique, mais ta personne peut-être... » L'objectif ultime de ce travail était de me propulser vers le *trung dung*, la moyenne, l'équilibre.

Pendant mon enfance, je cherchais cet intérieur dans les talons, dans l'estomac, sous le menton, sur la langue, derrière les oreilles, partout, partout, mais en vain. La virginité donne parfois l'impression d'un vide sans écho.

Comme je n'avais rien trouvé à travers les années, j'ai eu la brillante idée de remplir ce vide de l'âme des autres. J'ai ainsi commencé à absorber une réflexion de l'un, un souffle de l'autre, des émotions éparses, attrapées au vol autour d'une table, dans le trou d'une serrure, entre deux clignements de paupières. Après quarante ans, je possède maintenant une collection de savoirs, de sentiments, de réflexes si variés, si entremêlés et si contradictoires qu'ensemble ils donnent l'illusion d'une âme, ou du moins un certain équilibre, sinon une moyenne.

C'est peut-être pour cette raison que j'aime le printemps et l'automne, deux saisons intermédiaires, ni trop chaudes ni trop froides, justes moyennes.

PASCAL 10 octobre 16:53 C'est une des choses qui me manquent le plus ici, et qui me manquaient aussi en Asie : la douceur des saisons intermédiaires, les couleurs de l'automne.

Parfois aussi me manque un havre, surtout maintenant, dans l'attente de l'enfant. Je pense aux gens qui vivent en Europe, dans leur ville natale. Ils ont un emploi, une famille autour d'eux, un appartement, une assurance maladie… et ma vie me semble soudain d'une extrême fragilité, une vie menée au gré des vents, sous des cieux incléments. Alors je rêve d'un ancrage, d'un golfe calme, de quelque chose de tiède, et d'immobile. C'est la peur qui murmure, dans ces moments-là.

KIM 10 octobre 12:25 Le mouvement des images qui disparaissaient derrière la vitre de la voiture qui m'a ramenée de Monaco à Nice rendait si fragiles mes souvenirs des mots échangés sur le balcon de la chambre de Jean, du bruit des pas lents et incertains de Francine sur le pavé, de ton indéchiffrable regard sous le soleil couchant, face à la mer, sur la terrasse de la salle de réception à l'Hermitage en attendant l'arrivée de la princesse... Tout semblait m'échapper comme la fumée de vos cigarettes.

Tout m'échappe, tout le temps. Souvent, quand je reviens tard, au milieu de la nuit, pendant que rêvent mes enfants, je m'assois au salon durant de longues minutes pour me convaincre que ce lieu est ma demeure, mon point d'ancrage, mon adresse sur terre. J'habite une vieille maison, charmante, confortable et luxueuse grâce à tous ces meubles du Vietnam colonial que mon mari a soigneusement ramassés et rapportés, en plus des tableaux d'artistes contemporains d'ici et d'ailleurs. Toutes ces couleurs sur les murs me rappellent la peur que j'avais ressentie face à la beauté immense et insaisissable d'une femme en sari couleur safran apparaissant et disparaissant derrière les ouvertures d'un long couloir qui traçait la frontière entre moi et le désert; c'était lors d'un voyage en Inde il y a une dizaine d'années. Je me demande souvent de quel droit je suis témoin de toute cette beauté, alors que je n'ai pas encore assez vécu, assez donné, assez aimé. Peut-être que la vie que je vis ne m'appartient pas. Donc, je me réveille, je m'avance, j'aime avec la fragilité d'un imposteur, même si je possède une assurance vie, une assurance maladie, une assurance sociale.

Jean Genet a raison d'écrire qu'un voleur n'a pas peur parce qu'il vole, mais parce qu'il a volé. Je vis cette peur de cambrioleur, et non celle du futur père de famille à la recherche d'un havre. Pourtant, cette fragilité est peut-être la même, discrète mais omniprésente.

PASCAL 10 octobre 22:22 Il y a des peuplades sans musique, chante Brel, et je connais des gens qui ne verraient dans un Gauguin que de jolies silhouettes exotiques, et d'autres un prix en dollars. Pendant le dîner à l'hôtel Hermitage, j'étais assis à côté d'une dame qui m'a fait pleurer. Elle était la troisième à me conseiller d'aller voir la relève de la garde, sur le Rocher, et je me suis dit qu'il n'y avait vraiment pas grand-chose à voir à Monaco si l'on me conseillait toujours cette cérémonie-là, d'autant que j'ai vraiment peu de goût pour les parades en uniforme. Elle, au contraire, y voyait quelque chose de très beau, elle aimait ça, l'armée. D'ailleurs, elle m'a confié que si elle avait été un homme, elle aurait été militaire. J'ai échangé un sourire avec l'auteur assis près de moi, un sourire qui s'est élargi lorsqu'elle nous a dit qu'elle avait énormément d'amis officiers, et que les généraux et les colonels l'aimaient beaucoup. Je ne sais pas de quoi elle a parlé ensuite, de yachts ou de voitures ; puis elle a commencé à parler d'art, et nous nous mordions déjà les lèvres. Il y avait une exposition de Damien Hirst à Monaco, c'était moins intéressant que la relève de la garde, mais tout de même : à ne rater sous aucun prétexte. « La première fois que j'y suis allée, a-t-elle dit, je n'ai pas aimé. Et puis j'ai vu dans le journal que Damien Hirst était le numéro deux mondial. Alors j'y suis retournée. Et j'ai trouvé ça vraiment très beau, absolument fabuleux. »

C'est à ce moment-là que j'ai pleuré. C'était vraiment trop, même sous les douces lumières des lustres, dans le cliquetis des couverts – j'ai été pris d'un fou rire terrible, j'ai pleuré comme une madeleine. Je ne sais plus comment je m'en suis sorti, je ne crois pas qu'elle se soit sentie visée. D'ailleurs je m'en veux, de ce rire incontrôlé : au moins cette dame avait-elle le mérite de l'absolue franchise.

Mais voilà ce que je voulais te dire : tu crois jouir d'une beauté usurpée, mais que l'on aime les uniformes, Gauguin, Damien Hirst ou la simple vision d'une Indienne en sari, on n'a jamais que la beauté que l'on mérite – celle du regard que l'on porte sur les choses.

KIM 11 octobre 05:59 Nous sommes allés voir les requins-baleines au Mexique dernièrement. Ils se réunissent chaque année aux mois de juin, juillet et août dans ce coin de la Terre où le krill se trouve en abondance.

Une fois au large, nous avons traversé les différents bleus de la mer : le bleu cristallin, le bleu profond, le bleu persan, le bleu turquoise, le bleu céleste, le bleu aqua, le bleu électrique, le bleu safre, le bleu de France, le bleu horizon, le bleu outremer...

Pendant quarante minutes, mes yeux ont essayé de se réajuster pour ne pas s'étourdir de cette immensité magnifiée par ces strates de bleus. Je me disais que ma boîte de feutres pourrait ne contenir que les variations de cette couleur, que ma vie entière pourrait se réduire à ce sublime camaïeu.

Avant d'arriver à destination, nous avons été arrêtés par des dauphins qui suivaient notre bateau, et leur danse de séduction a forcé notre émerveillement. Alors que nous fuyions le Vietnam en traversant le golfe de Siam, des dauphins nous avaient également accompagnés pendant un temps, comme s'ils voulaient nous rappeler qu'il y avait de la vie dans la mer et que celle-ci pouvait aussi offrir une mort douce et paisible aux naufragés.

Je regardais cet horizon à l'infini et je remerciais tout bas le ciel qu'au temps de notre fuite je n'avais que dix ans et non pas trente-quatre ou quarante et un ans, comme mes parents, qui ont dû décider avec toute leur conscience, mais sans expérience, de se laisser transporter par les vagues et les vents.

Et, symboliquement, à quarante et un ans, j'ai fermé les yeux pour sauter dans la profondeur de ce bleu si mystérieux, si menaçant, si nouveau, et y rencontrer les plus grands poissons de la Terre. Comme prévu, ils étaient impressionnants de par leur taille. Pourtant, comme des reclus, ils se fondaient dans le calme et le silence de l'eau. Alors, j'ai refusé de suivre le guide qui voulait me faire vivre l'expérience de nager à leurs côtés, car je trouvais indécent d'envahir leur bulle, qui me semblait si sereine.

En soirée, de retour à l'hôtel, nous avons croisé des gens intéressés par cette excursion. Ils nous ont invités à prendre un verre, et mon mari a ri aux éclats après m'avoir écoutée leur décrire avec précision les yeux noirs du krill minuscule, presque microscopique, suspendu dans l'eau comme de la poussière d'étoile soufflée des quatre coins du ciel. Mon mari a ri parce que j'avais complètement oublié de mentionner les requins-baleines. «Chérie, tu es passée à côté du but premier de la visite.»

Peut-être... mais comme le petit garçon et la plume blanche, sans le krill, je n'aurais pas su maintenir le rythme de ma respiration et me préserver contre le vertige du souvenir.

PASCAL 11 octobre 15:21 Mon père a quitté la Slovaquie en 1968, échappant au bouclage du bloc soviétique, dix jours après que les chars russes furent entrés à Bratislava. Notoirement dissidente, sa famille avait été la cible de nombreuses arrestations, interrogatoires, passages à tabac dont il n'a jamais pu me parler sans que les larmes lui imposent le silence... Mais il m'a raconté ceci : la nuit de son exil, sa petite valise à la main, il prend le tramway, le tramway rouge de Bratislava. Il est seul dans le wagon quand soudain le tram s'arrête, au-dessus d'un pont étroit. La panne dure trop longtemps, ce n'est pas normal, il veut sortir, mais les portes sont fermées, il secoue les poignées, mais les portes ne cèdent pas. Il entend des pas qui approchent, nombreux, de part et d'autre du pont. Il n'a aucun moyen de fuir, et sa petite valise ne contient que des livres interdits par le régime. Il doit s'en débarrasser au plus vite, si on le trouve en possession de ces livres c'en est fait de lui. Jeter la valise hors du tram, par-dessus le pont : il tente d'ouvrir une des fenêtres allongées du wagon, elle résiste, les pas approchent, la deuxième fenêtre cède, mais la valise est trop épaisse, juste un peu trop épaisse pour passer par l'étroite fenêtre, et les pas s'approchent, et mon père tente de pousser la valise, qui ne passe pas, et il se réveille en sueur.

La chambre dans laquelle il se trouve lui est étrangère ; il se précipite à la fenêtre, écarte les rideaux. Il ne connaît pas cette rue, encore grise dans l'aube, une rue anonyme, dans une ville inconnue. Serait-il possible qu'il soit encore là-bas, de l'autre côté ? Il scrute les plaques des voitures, mais elles sont garées trop loin pour qu'il puisse les lire. Au milieu de la rue passent des rails et, soudain, loin au fond de la rue débouche un tramway. Ce n'est pas un tramway rouge de Bratislava, c'est un tram vert, un tram suisse, il est bien en Suisse, dans la petite chambre d'hôtel qu'il a louée la veille, à Bâle. Il avait réussi à passer.

Il avait vingt-cinq ans… Ce n'est que bien plus tard que j'ai réalisé que l'homme qui avait franchi les barrages n'était pas encore mon père, ce héros. C'était juste un jeune homme de vingt-cinq ans, qui avait quitté son pays, sa famille, avec une petite valise contenant trois chemises et deux livres.

Pascal 11 octobre 16:13 J'avais le même âge lorsque j'ai quitté l'Europe. Comme si l'expatriation originelle de mon père s'était transmise. À sa différence, je n'y ai été obligé par personne, et mon itinérance est bien plus confortable. Pourtant je me retrouve ici, à passer des murs, des *checkpoints*, à subir des interrogatoires.

PASCAL 13 octobre 11:06 Je travaillais dans une usine métallurgique. Mon grand-père avait passé sa vie dans une usine de ce genre, il en avait gardé une voix toujours trop forte, destinée à couvrir le bruit des machines et le cognement des marteaux, une voix capable de traverser la chaleur du métal en fusion. Plus tard, cette grosse voix ne servait plus qu'à décoiffer ma grand-mère, dans leur petit salon, sa voix se cognait en vain contre le papier peint, les armoires à bibelots et les fauteuils capitonnés ; elle a fini par s'user, elle a fini par s'éteindre.

J'avais commencé par laver les vitres, dans cette usine. Je trimballais mon attirail entre les grandes halles de la production et les petits bureaux de l'administration. Là, je devais déranger les employés, déplacer leurs claviers pour grimper sur leurs bureaux avec mes grosses chaussures de sécurité. Je faisais intrusion dans cet univers trop propre, entre ces murs blancs comme des cols de chemise. Après mon passage, on scrutait la transparence, on me reprochait parfois une traînée, la trace d'une goutte d'eau.

En revanche, personne ne prêtait attention aux grandes vitres de l'usine. Elles étaient couvertes d'une poussière noire et grasse ; j'avais un balai télescopique et un petit monte-charge qui vacillait, à six mètres du sol. J'étais moins surveillé, mais il y avait les araignées. De grosses araignées, dans tous les recoins, des araignées noires et grasses ; mon balai passait dans les angles et revenait garni d'araignées suspendues à sa brosse, un rideau d'araignées remuantes, qui remontaient le manche, en direction de mes mains. J'ai lutté quelques jours contre ma peur panique de ces bêtes, et puis j'ai craqué. Je n'étais pas à ma place là-bas non plus.

À la cantine, chaque fois que j'essayais de poser mon plateau quelque part, on me rejetait. « Non, ça c'est la table des électriciens, mon gars. » « Non, pas là, *do sicher nüüt*, ici c'est seulement pour les Suisses. Mets-toi avec les Alsaciens. » « Non, ici c'est la place de Jean-Marie. Va avec les Arabes, là-bas. » Je finissais au fond de la salle, avec les autres intérimaires, et c'était effectivement la place qui me convenait. J'y ai fait de belles rencontres. Je me souviens d'un Italien, joueur d'échecs invétéré, qui passait six mois de l'année les mains dans les moteurs, dans le grondement des machines, et les six autres à faire le tour du monde, de grand hôtel en grand hôtel : il faisait glisser de délicates pièces de bois, dans le silence des tournois internationaux.

C'est à la fin de sa vie que mon grand-père s'est aperçu qu'il n'était pas à sa place dans le petit salon de sa vieillesse. Je n'imagine pas échapper aux désarrois de l'âge, mais j'aimerais bien trouver ma place avant, comme ce joueur d'échecs italien.

KIM 13 octobre 20:56 Contrairement à toi, je me sens à ma place partout. Je suis comme l'eau : j'épouse la forme du contenant, sans savoir comment résister.

Un photographe m'a demandé de choisir, pour une campagne de financement, un endroit qui me passionne. J'y pense depuis des semaines et je ne trouve pas. Pourtant, peu importe la ville où j'habite, elle est toujours la plus belle, la plus fabuleuse et, surtout, l'unique dans mon cœur. Imagine Hanoi, 1995, où les fortes pluies saisonnières inondaient immanquablement le rez-de-chaussée de notre bureau, où la soupe du jour était l'eau dans laquelle quelques feuilles d'épinard ou de patate douce avaient été blanchies, où vétérans sans emploi, sans rêves, sans suite, transformés en réparateurs de bicyclettes, s'installaient confortablement nez à nez avec moi et me demandaient pourquoi j'avais de gros seins, pensant que je ne pouvais les comprendre puisque j'avais la peau pâle et les yeux bridés des Japonaises… Et pourtant, je qualifiais Hanoi de ville paradisiaque, où il était formidable de voir les femmes se promener tous les matins avec un panier en osier garni de pains chauds, façon parisienne, emmitouflés dans de vieux sacs en jute bruns, longeant les ruelles, laissant traîner derrière elles leur voix enveloppante : *bánh mì nóng đây*. Hanoi… où un garçon frêle se plaçait devant ma porte tous les après-midi, sa palanche sur l'épaule, transportant d'un côté un pot en bois cerclé d'anneaux en métal, rempli de crème de tofu et, de l'autre, des bols, des cuillers et du sirop au gingembre. Hanoi… où mes voisins construisaient des barques de deux ou trois mètres de long avec des feuilles d'aluminium pliées aux extrémités, comme des bateaux en origami, mais qui transportaient des réfrigérateurs, des coffres-forts et des vies entières aux bords de la digue le long de la rivière Rouge.

Je ne pouvais pas être ailleurs que dans le ventre de ce pays qui célébrait de nouveau son nouvel an avec des pêchers en fleurs, des arbustes lourds de kumquats et des billets neufs pliés en trois, glissés dans des enveloppes rouge et or. J'échangeais fébrilement mes cartes de visite contre des cartes roses ou ivoire, étrangement parfumées et encore chaudes des mains des hommes qui avaient troqué leur casque vert contre une cravate et une chemise jaune d'œuf, ou lilas, ou blanche. Blanche comme une feuille vierge. Dans le regard de ces Vietnamiens, il y avait du feu, non plus le feu qu'ils voyaient dans le ciel mais celui qui s'était allumé de l'intérieur, celui qui les réveillait heureux la nuit, celui qui m'entraînait dans leur urgence de vivre. Jour et nuit, j'apprenais de nouveaux mots en vietnamien, qui n'existaient pas au temps de mes parents : environnement, abolition des quotas, socialisation, ombudsman, assurance universelle... Et le plus important, Đổi mới, soit littéralement « changer nouveau », le petit frère ou le fils de la perestroïka.

Je n'étais certainement pas à ma place parmi les grands hommes qui réfléchissaient à l'avenir du monde. Que savais-je des sociétés d'État ? Pire encore, de l'économie de marché ? C'était quoi, déjà, l'OMC ? Je ne savais pas plus lire un contrat de fusion ou d'acquisition entre deux compagnies à Montréal avec des chiffres de plus de trois zéros. Mais j'aimais beaucoup assister à ces réunions pour regarder les reflets lumineux des boutons de manchette autour des tables en bois d'acajou et le parcours des idées lancées à travers la pièce avec le sérieux des généraux de guerre.

Tu sais, pendant longtemps, il n'était pas possible pour les Vietnamiens de choisir des chaussures à leur taille, même les babouches en plastique. Tout venait de l'extérieur, lentement, par vagues, au hasard. Les gens faisaient avec ce qu'il y avait chez le marchand. Mais jamais je n'ai vu de Vietnamiens se coller un sparadrap sur une ampoule ou se plaindre d'une ganse trop serrée, même s'ils portent leurs sandales avec la moitié du talon dans le vide ou adoptent la démarche de Charlie Chaplin, leurs pieds ballottant dans des souliers trop grands. En fait, ces tongs en plastique à un dollar me semblaient si confortables que j'en avais acheté pour marcher à côté d'eux, *to be in their shoes*, littéralement, être à la même place qu'eux. Mais je n'ai jamais réussi à faire plus de trente mètres, même avec celles de ma bonne, usagées, déjà adoucies... et même un peu fondues parce que ses pieds glissaient parfois sur le pot d'échappement de sa moto.

J'ai perdu la capacité d'ignorer l'inconfort des souliers qui ne sont pas à ma taille. Mais je possède encore la première faculté des survivants, celle de ne jamais demander pourquoi, celle de faire avec ce qu'il y a, d'exister, sans plus.

Toi, je sais où est ta place : elle est avec les rondeurs des *o* et des *a*, entre les roucoulements des *r* ou sur la pente des accents aigus et graves, parce que ta voix se révèle dans les murmures des espaces blancs et sous les accents circonflexes les jours de pluie.

PASCAL 14 octobre 09:28 Sur mon petit planisphère virtuel, Montréal est au cœur de la nuit. Kim dort. Ou plutôt : j'imagine que Kim dort.

Très vite, le souvenir de son visage s'est brouillé. Son visage dans un léger contre-jour, devant la grande baie vitrée de l'hôtel, à Monaco... Comme si la lumière qui émanait de derrière elle s'était faite plus forte, heure après heure, noyant son visage dans les ombres du temps. Alors je cherche son visage, sur Internet. J'y trouve une belle photo de presse : c'est elle, mais c'est déjà une autre, elle vue par l'objectif d'un autre, avec un objectif précis. Ce sont juste des images, mais c'est avec ces images que je reconstruis Kim. Et ma Kim n'a rien à voir avec la vraie. Ma Kim dort profondément à présent, et ses lèvres murmurent un rêve. Je veux lui écrire, il faut que je me dépêche, je veux qu'elle trouve mes mots, à son réveil.

Et elle y répondra, et je lirai enfin tes mots, l'unique chose qui soit vraiment toi.

KIM 14 octobre 16:32 Un jour j'ai écrit à un homme : « *I want to be owned by you.* »

Je suis née à la mauvaise époque. J'aime être de ces femmes qui appartiennent à des hommes. Quand j'étais jeune adulte, j'aimais incarner le rôle de la serveuse asiatique soumise qui se déplaçait d'un petit pas feutré pour venir s'agenouiller sur les tatamis. J'aimais être cette fille au service des hommes dans ce restaurant japonais qui n'existe plus. Suivant les traditions de la maison, je les servais en premier. J'étais à l'affût de leurs moindres besoins. Je me pliais à ces règles avec aise et plaisir parce que je me retrouvais dans un lieu où un soupir parlait, un frisson tourmentait, un tremblement tracassait et une cheville aperçue entre deux pans de kimono troublait. Dans ce lieu, les questions étaient rarement expliquées, comprises, on y répondait peu. Dans ce lieu, les réponses étaient données par celui ou celle qui posait les questions. Dans ce lieu, les femmes devaient suivre un régime sévère où elles étaient obligées de laisser chaque détail respirer pleinement. Elles s'y guérissaient de leur boulimie de mots, de paroles, de plaintes, comme si la soif de tout savoir, de tout communiquer était une maladie grave, une tumeur maligne. Dans ce lieu, le désir se manifestait les yeux baissés pour que les battements de cœur traversent l'espace qui séparait les gens sans distraction. Dans ce lieu, les femmes pouvaient, pendant un instant chimérique, prendre appui sur des hommes infaillibles, incassables. Dans ce lieu, je pouvais glisser le panneau de papier de riz sur ses rails et attendre sagement que les pieds des hommes enfilent les pantoufles, que j'avais pris soin de tourner dans le bon sens. Dans ce lieu, je pouvais m'agenouiller devant les hommes, m'éclipser derrière leur ombre sans faire honte au sexe féminin, parce que c'est un jeu, simplement un jeu, un moment de repos avant de retourner au quotidien, à notre fragilité commune.

Alors, j'aime être *ta* Kim, celle qui te souffle des mots pour faire le pont entre l'espace et le temps.

Pascal 15 octobre 10:02 Hier, je suis allé voir un film franco-belgo-tchadien qui connaît apparemment beaucoup de succès en France. D'habitude, nous vivons dans un constant décalage culturel en ce qui concerne la production occidentale, un décalage qu'Internet amoindrit à peine. La poste internationale s'arrête au mur, les paquets n'arrivent jamais, ou alors ils nous parviennent éventrés, avec un an de retard… Lorsque je lis la critique d'un livre qui m'attire, je le commande, et quelques mois plus tard je suis fort surpris de trouver, en France, une pile d'ouvrages dont je me demande alors pourquoi je les ai acquis. C'est une chance, je peux lire *Les Bienveillantes* longtemps après que le vacarme médiatique s'est épuisé ; je ne consomme pas un produit : je lis un livre. Et les ouvrages qui échouent dans notre minuscule bibliothèque sont aussi variés que les rencontres de hasard : Jack London, Javier Cercas, Philippe Rebetez ou Fernando Pessoa, de grands polars et de petits classiques, David Bosc ou Bret Easton Ellis. Ce n'est pas vraiment une bibliothèque, puisque je rapporte les livres lus : c'est une valise de livres, qui ne pèse pas trente kilos. Mais nous nous les sommes appropriés, ils nous appartiennent.

Bien sûr, nous avons parfois la chance d'avoir un artiste en tournée, inconnu ou célèbre, un pianiste américain ou un marionnettiste espagnol, et le piratage des DVD accélère la diffusion des œuvres. Mais il y a toujours ce retard par rapport au bouillonnement des capitales. De ce fait, mon exil palestinien n'est pas seulement géographique, il est aussi temporel.

Toujours est-il que le Festival international de Ramallah nous offrait hier l'occasion d'une synchronie. Les images du film tchadien étaient belles, un peu irréelles, un peu métalliques, le noir des visages se fondait dans les ombres, les personnages, ballottés par les

71

besoins, par la guerre, semblaient ne pas s'appartenir. Mais le film ne m'a pas touché, j'ignore pourquoi, je suis resté à l'extérieur. À la fin de l'histoire, le personnage principal, un homme de soixante ans, perd son fils. Long plan sur leurs corps, celui du père, assis dans la poussière, celui du fils, étendu dans le side-car, le bras pendant. Et derrière moi, soudain, des sanglots. Des sanglots subitement éclatés, des sanglots qu'on n'arrivait pas à retenir. Leurs soupirs mouillés, tout près de ma nuque, des gémissements, une lutte douloureuse et intime pour les taire, les ravaler. Pendant toute cette ultime scène, dans mon dos, un homme pleurait.

Lorsqu'on a rallumé les lumières, je ne me suis pas retourné ; je ne suis sorti que bien après la fin du générique. J'étais gêné d'être assis là, témoin de sa souffrance. Mais il s'agissait aussi d'un de ces moments rares, que tu connais : ces moments où l'on est vraiment présent, dans l'espace et dans le temps.

KIM 15 octobre 17:10 J'aime le cinéma, et plus encore les salles de cinéma car, comme tu dis, on y est en synchronie avec le présent, son présent, même si le temps y est faussé, tout comme les émotions. Ailleurs, je suis toujours en décalage, non pas temporel mais émotif. Quand les infirmières m'ont tendu mes bébés, encore tout chauds de ma chaleur, encore recouverts de mon sang, encore à chercher leurs premières inspirations, j'ai perdu connaissance la première fois et je suis tombée endormie la seconde. J'ai appris dans les films que les mères ressentent instantanément une grande joie durant ces premières secondes de vie. J'ai attendu la venue de ce sentiment euphorique. Or, la narcolepsie m'a extraite de ce moment considéré comme unique, magique, miraculeux. De même, je suis arrivée en retard à mon propre mariage parce que ma famille et mon mari m'ont oubliée à l'hôtel après les séances de photos, me laissant sans voiture, au bord d'un lac où l'idée du mariage se retrouvait à l'air libre, exposée aux grands vents, comme mon voile qui se transformait en cerf-volant.

J'ai quitté le Vietnam la première fois dans le noir, vers la mer, sans destination ; la seconde fois, vingt-cinq ans plus tard, c'était dans le rouge du thermomètre et les hallucinations de la fièvre. Les déménageurs avaient tout mis en boîte, poubelle incluse. J'ai donc revécu ce départ un mois plus tard en retrouvant des coquilles d'œufs, une boîte de médicaments vide et des vieux journaux dans mon nouvel appartement à Bangkok, au dixième étage d'une tour luxueuse, érigée au milieu des maisons aux toits en tôle ondulée et rouillée.

De mon balcon, je voyais tous les matins une Thaïlandaise au corps de femme en fleur saluer son conjoint américain sur les marches de l'édifice en refermant la portière avec la délicatesse d'une déesse. Quelques minutes plus tard, sur les mêmes marches, comme un ange de prière, elle joignait les mains, effleurant son menton afin d'accueillir son amant thaïlandais qu'elle surnommait « mon cousin ». Chaque matin, elle prenait un premier petit déjeuner aux céréales et café et continuait avec un autre à la soupe aux vermicelles, au porc rôti et aux fines lamelles de foie recouvertes de coriandre et de piment oiseau fraîchement haché. Et, juste à l'extérieur des murs, des moines bouddhistes drapés de coton orange longeaient les ruelles, tenant leur pot devant eux, recevant les offrandes du voisinage avec la distance de ceux qui ne se déplacent plus à la vitesse de la montre. La plupart d'entre eux sont des fils qui se rasent la tête, acceptent le silence et se retirent du temps présent pendant quelques mois afin d'assurer une meilleure place à leur mère dans sa prochaine vie. Ils s'obligent à ne manger que ce qu'ils reçoivent, le sucré mêlé au salé, le riz par-dessus le maïs, les *glass noodles* en compagnie des fines juliennes de papaye verte en salade. Cette humilité de tendre leur bol sans questionner leur permettait de s'échapper du temps, de marcher en dehors du temps, donc de vivre sans décalage.

PASCAL 16 octobre 07:55 Je me souviens d'un décalage douloureux : elle était en ville quand les chars sont arrivés, et je n'étais pas avec elle. D'habitude l'armée ne vient que la nuit, les soldats enfoncent les portes des maisons, ils emmènent un suspect ou sa famille. Là, c'était en plein midi, en plein centre-ville, elle m'appelle, elle s'est réfugiée dans une épicerie, couchée derrière le comptoir, derrière ses mots tremblants j'entends les tirs. Et moi je suis à la maison, en dehors du centre, et je suis changé en bloc de marbre.

À la télé, Al Jazeera retransmettait l'incursion en direct – ils ont une caméra installée sur un immeuble en ville, je voyais tout sur le petit écran : les rues désertées, les blindés qui écrasaient les voitures, qui occupaient le rond-point central de Ramallah, les soldats sortis des Hummer, qui tiraient. Par la fenêtre, j'entendais la détonation, et sur l'écran je voyais le soldat, le recul de son arme, dans un léger décalage – et tout était en décalage : je n'étais pas au bon endroit. Le téléphone vissé à l'oreille, je décrivais la scène à Francesca, qui apprenait ainsi avec un nouveau décalage où ils étaient, ce qu'ils faisaient, ce qu'elle pouvait et ne pouvait pas faire. Elle tenait compagnie à une femme plus âgée ; elles ont couru ensemble pour se réfugier dans un centre commercial voisin, mieux abrité. Elles ont vu les jeunes qui s'approchaient des blindés, qui ramassaient tout ce qu'ils pouvaient trouver, qui jetaient sur les soldats des pierres, des canettes de Coca-Cola, et sur mon petit écran je voyais la canette qui rebondissait sur l'acier du blindé, et le recul des armes. Ça a duré deux heures, c'était trop long. Dans le petit centre commercial, la tension s'est relâchée, les gens ont recommencé à faire leurs courses, n'ayant finalement rien de mieux à faire… et puis les blindés sont partis, ne laissant sur mon écran que gravats et voitures défoncées.

Si je me souviens bien, il n'y eut que quatre morts ce jour-là, dont le vendeur de café ambulant. Celui qui se promenait en costume traditionnel dans les rues, sa bonbonne de cuivre dans le dos, entrechoquant ses petites tasses de porcelaine pour signaler son passage... celui qui voulait nous faire croire, jour après jour, que nous habitions dans une ville normale.

KIM 15 octobre 18:11 Hier, j'étais invitée à parler devant une assistance composée de professeurs de français. Il y a vingt ans, un professeur de création littéraire m'a fortement conseillé à la mi-session de changer de faculté parce qu'il m'avait donné zéro en maîtrise de la langue et zéro en participation, ce qui totalisait soixante-six pour cent de la note. Je suis sortie de son bureau sans larmes, sans cris, tout en silence. J'entendais l'écho de mes pas dans le couloir grisâtre, à peine éclairé par ces néons qui cillaient comme des clins d'œil. Est-ce que cet éclairage intermittent avait été inventé pour nous permettre de nous reposer ? Ou de réduire de moitié notre vision de la réalité ? Ou peut-être leur objectif était-il de réserver un espace noir, comme une ardoise, où notre imagination pourrait se dessiner ? Ce couloir était interminable. Il n'avait ni début ni fin, il était tortueux, comme un cauchemar.

Quand on a rêvé de mourir au pied d'une bibliothèque géante tel le protagoniste du film *Brazil*, quand on a récité par cœur, pendant toute son adolescence, *L'Amant* de Marguerite Duras comme une prière, quand on a tenté de convaincre ses parents de ralentir leur course, de célébrer les changements de saisons, de cueillir des pommes à Oka comme dans les chansons, on ne peut pas retourner en arrière et faire face à l'évidence, dire à sa mère qu'elle avait raison : l'écriture ne m'est pas accessible. Je suis donc retournée en classe, semaine après semaine, jusqu'à la fin du diplôme, avec le mot « honte » tatoué sur le front. Les professeurs m'ont accordé mon diplôme au bout de trois ans, en même temps que les autres étudiants. Mais, contrairement à celles des autres, mes notes étaient attribuables non pas à mon mérite mais à mon acharnement.

Vingt ans plus tard, je me suis retrouvée devant eux, inconditionnels des mots, amoureux de la langue française, messagers de l'imaginaire, pour partager un moment de littérature. Tout est donc possible ?

PASCAL 16 octobre 13:20 **Me revoilà** avec mes yeux de mouche et mes pattes d'araignée. De ton message je pourrais extraire la vibration du néon dans le couloir, tisser quelque chose sur ces hésitations de la lumière, ces moments terribles où l'on marche sur une toile, au-dessus d'un gouffre, torturé par l'illusion qu'un faux pas suffirait à nous tuer. Ou te décrire ces instants magiques qui révèlent des couleurs qu'on ne soupçonnait pas... Et ma réponse influerait sur la tienne et ainsi de suite, et notre échange serait autre... Tous ces hasards : si je ne t'avais pas aperçue, mal cachée derrière une colonne de l'Hermitage, en train de troquer tes talons contre des chaussures plus confortables, quand aurions-nous échangé notre premier sourire ? Et si, à la faveur d'un subit malaise, un membre du jury avait fait l'erreur de prononcer ton nom ou le mien, si nous avions gagné ce prix, à Monaco, si nous étions montés sur la scène de la salle Garnier ? Comment la lumière des projecteurs aurait-elle changé nos visages, modifié le cours du temps ?

À la fin de mes études, j'ai passé un coup de téléphone aux Affaires étrangères. Cinq minutes plus tôt, cinq minutes plus tard, je n'aurais pas connu les couleurs du désert jordanien au couchant, ni les arabesques d'une nouvelle langue, ni les sables du Wadi Rum. Si je n'avais pas croisé Hakim à Amman, s'il ne m'avait pas reconnu dix ans plus tard en Palestine, mon roman n'aurait pas... Si ma vessie avait tiré l'alarme un peu plus tard, dans les locaux des Nations unies, je n'aurais jamais... Et si j'avais refusé l'invitation impromptue de Rajiv, à Beyrouth, qui m'entraîna dîner chez deux Italiennes, dont l'une...

Et bien avant tout ça, il y a trente-cinq ans : s'il n'y avait pas eu, entre les molécules du latex, un léger défaut.

Mais je pourrais aussi t'écrire que douze micromètres de latex ne pouvaient en aucun cas contenir l'amour de mes parents. Que j'aurais rencontré Francesca le lendemain, face à la mer. Que j'aurais écrit un autre livre, mais que je l'aurais écrit de toute manière, et que mon goût de l'ailleurs m'aurait mené en Australie, dans un désert aux couleurs similaires. Et que je t'aurais cherchée, de toute façon, après le dîner.

Reste le bête hasard des balles perdues et des tumeurs malignes… Mais ce matin j'aime croire, avec toi, que nos vies se résument à l'intensité de nos désirs.

KIM 16 octobre 08:56 Et si tu n'étais pas venu me chercher à la fin du dîner, je n'aurais pas su que le reste du groupe était déjà parti. Est-ce la cigarette qui vous avait réunis ? Ou est-ce la lumière des lustres qui vous avait chassés de la salle ? Peu importe, je remercie cette lectrice qui m'a arrêtée dans l'allée. Autrement, tu ne m'aurais peut-être pas vue du coin de l'œil pendant ta marche vers les lourdes portes blanches, vers la nuit qui adoucissait les courbes de l'opulence, vers le sommeil qui taisait le vrombissement des voitures de luxe.

Je t'avais invité à t'asseoir à ma table, à jouer aux délinquants en échangeant ta carte contre celle de ma voisine, parce que je voulais t'entendre me dessiner le chemin qui t'avait emmené jusqu'à Ramallah. Je voulais apprendre. Je dois toujours apprendre. Je suis constamment en apprentissage, c'est un besoin vital.

Plus jeune, je voulais apprendre comment boire un chocolat chaud ou un thé ou une eau pétillante devant une cheminée, dans une maison de campagne au milieu de la forêt canadienne. C'est pourquoi j'ai suivi un homme beaucoup plus âgé que moi jusqu'à ce havre, où les feuilles d'automne recouvraient le sol de couleurs époustouflantes. De loin, on aurait dit un tableau pointilliste.

J'ai aussi appris à grimper sur le toit d'une tour pour apprécier l'éphémère éblouissement des feux d'artifice.

Et puis j'ai appris que le sexe était un plaisir et non pas un devoir conjugal, ou un outil de négociation comme on voulait me le laisser croire.

Contrairement à la tienne, ma vie n'est pas composée de désirs. Elle est mue par cette soif d'apprendre à vivre, une soif qui empêche de sentir le parfum du thé.

Le poète américain Stanley Kunitz a écrit : « *Being is never becoming, 'til becoming is being still.* » C'est pourquoi j'ai essayé de m'immobiliser pendant quelques heures

sur ce balcon en compagnie des autres pour te regarder
être.

KIM 16 octobre 18:12 Parlant de soif...
j'ai rencontré des enfants de onze, douze ans. Ils m'ont
demandé si j'avais eu soif dans la cale du bateau qui
m'a emmenée jusqu'en Malaisie pendant notre fuite du
Vietnam. Est-il possible de ne pas boire pendant quatre
jours et trois nuits ? On m'a dit que non. Or, je ne me
souviens pas d'avoir bu. Je ne me souviens pas non plus
d'avoir eu soif. Peut-être les fonctions vitales du corps
s'étaient-elles mises en veilleuse pour laisser le temps
glisser sur notre peau et disparaître sans la marquer. Le
corps a des pouvoirs qui dépassent l'entendement. Le
mien s'était débarrassé par lui-même de ses allergies
sévères aux poissons dès le premier repas de sardines
malaises servi par la Croix-Rouge, dont le camion était
arrivé de nulle part sur la plage, dans la noirceur de la
nuit. Et depuis, il n'a plus jamais eu de réaction à l'inges-
tion de fruits de mer, alors qu'il était si capricieux pendant mes dix premières années. Peut-être le fait d'avoir
été privé d'eau l'a-t-il réduit à un état primitif qui lui
permet de digérer la viande avariée sans en mourir,
comme les hyènes.

Une de nos compagnes de route souffrait d'asthme.
Nous étions certains qu'elle allait s'étouffer après la
première nuit passée le nez dans la poussière de la terre
rouge. Mais, non. Elle s'est levée le lendemain et le surlendemain, et tous les matins suivants jusqu'à ce jour
sans subir une seule crise d'asthme.

Le corps peut survivre à tout. Il suffit de le mettre
à l'épreuve. Il relève ces défis avec aise, sans effort
conscient de notre part. Mais j'ai appris qu'il ne saura
jamais vivre, comment vivre, ce qu'est vivre par
lui-même.

Pascal 17 octobre 18:42 Le corps est effectivement une mécanique robuste, on a du mal à s'en rendre compte, dans nos sociétés surmédicalisées. Mais je ne crois pas à l'adage selon lequel ce qui ne nous tue pas nous rend plus forts. Dans les rues de Gaza, je croise des piétons dont le corps portera toujours les séquelles des bombes ; la cécité développe peut-être le toucher, et la perte de l'ouïe peut sans doute révéler des couleurs, mais c'est toujours et d'abord la vue en moins, l'ouïe en moins – la perte irrémédiable des couchers de soleil ou de la musique. Et des cauchemars récurrents qui nous réveillent la nuit, en sueur et le cœur battant, car il y a des choses que le corps n'accepte pas.

Il y a quelques mois, je raccompagnais mes parents à l'aéroport, mais le *checkpoint* qui sépare Ramallah de Jérusalem était fermé. À pied, j'ai remonté l'interminable file de voitures bloquées là. Les passagers étaient sortis ; à bonne distance, ils regardaient les soldats israéliens, qui les surveillaient. J'ai eu l'imprudence de m'approcher de la jeep blindée, je voulais savoir combien de temps le passage serait fermé, s'il valait mieux attendre ou faire un détour par les collines. Je n'ai pas vu le marquage au sol qui m'interdisait d'avancer, j'étais en chemise, les mains vides, je me suis approché de la jeep, j'ai doucement toqué à la vitre. Le conducteur a sursauté, et moi aussi : il y eut un hurlement, et surgi de nulle part un soldat avait planté son arme dans mon ventre, l'avait amorcée ; j'avais le canon de son arme dans le ventre et le visage du soldat était défiguré par ses cris.

Les soldats israéliens sont très jeunes. Sont jeunes également ceux qui partent en Irak, en Afghanistan, et ceux qui sont arrivés à Bratislava en 1968, Kirghizes ou Mongols, analphabètes souvent : certains se croyaient en Égypte. En Israël, les soldats font leur service à dix-huit ans, pendant trois ans. Ce jeune soldat était défiguré par la terreur qu'il éprouvait devant ma fragile menace, il ne voulait pas croire mes mots – tu as un accent arabe, tu es arabe ! hurlait-il, un doigt tremblant sur la détente. Mais il n'a pas perdu tout contrôle, et je l'en remercie aujourd'hui. J'ai sorti mes papiers de ma poche, lentement. Je les lui ai tendus, lentement, calmement. Et j'ai pu repartir, puisque je n'étais pas arabe.

C'est seulement une heure plus tard, dans la voiture, que ma main s'est mise à trembler.

PASCAL 16 octobre 18:08 Ce que j'ai appris de plus beau : jouer aux échecs, le nom des cinq classes d'insectes, faire parler les yeux, tailler une vigne, casser un œuf, cuire un œuf, inhaler la fumée, la recette d'un cocktail vénitien du nom de Spritz, nager en eau douce, prendre une vague, suivre un poisson, ramasser du bois, lire un tableau, lire un regard, lire un corps, et imiter le bruit de la goutte d'eau.

Ce qu'il me reste à apprendre : changer les couches, les subtilités du subjonctif, me couper les ongles régulièrement.

Kɪᴍ 16 octobre 09:17 Les ongles de ton enfant te rappelleront de couper les tiens. Je coupe soixante ongles par semaine, soit trois mille cent vingt ongles par année. Les parents sont de grands pollueurs.

Kim 16 octobre 23:38 Je comptais sur toi pour m'enseigner les temps des verbes, dont les subtilités du subjonctif, justement. En vietnamien, le verbe est toujours à l'infinitif. On ajoute des particules qui indiquent le passé ou le futur : rencontrer hier, rencontrer demain, rencontrer déjà. Le temps est une notion imprécise. Les Vietnamiens donnent rendez-vous comme les livreurs de meubles ou les répara-teurs de fours : on vient demain. Quand exactement ? Ah, demain, dans la journée, s'il ne pleut pas. Là-bas, nous pouvons donner l'excuse de la pluie pour justifier notre retard. Un jeune étudiant qui pédale lentement en suivant le pan du *ao dài* blanc de sa camarade de classe souhaite que la pluie vienne lui donner l'occasion de s'abriter avec son amour inavoué sous un balcon ou dans une paillote au bord d'une rizière. Le temps y est alors suspendu.

En Amérique du Nord, tout est chronométré, noté, calculé. Les invités à une soirée arrivent presque toujours en même temps parce que tout le monde respecte l'heure prévue à la minute près. Les événements sont placés sur la ligne du temps, en ordre chronologique minutieux, presque maniaque, afin d'établir la chaîne des actions et des réactions : qu'est-ce qui a provoqué, aura provoqué ou aurait pu provoquer quoi et à quel moment, et comment et pourquoi ? Il devient alors nécessaire de conjuguer le futur antérieur, le passé simple, le conditionnel, le plus-que-parfait, le subjonctif aux temps composés ou sur-composés, aux aspects imperfectif ou statique, à la voix passive ou moyenne...

Mais tous ces temps ne nous rendent-ils pas plus vulnérables au Temps ?

PASCAL 17 octobre 13:36 Jean Echenoz dit que le temps des verbes est comme une boîte de vitesses, qu'il permet de ralentir le mouvement de la lecture, de le relancer, de rétrograder, de repartir. C'est très juste, je trouve, mais cela fait de moi un mauvais conducteur. Mon père parle mal le français : après des années de lutte, il sait maintenant acheter une baguette et raconter une blague ou deux, mais cela lui demande un gros effort, ainsi qu'à ses auditeurs... Je parle en slovaque avec lui, en français avec ma mère, entre eux ils parlent en allemand, c'était leur langue de travail commune quand ils se sont rencontrés en Suisse. Ainsi mes frères et moi avons-nous baigné dans un monde étrange où, à table, le sel devenait *sol'*, ou *Salz*, selon la personne devant laquelle il était posé. Durant nos toutes premières années, l'allemand était la langue secrète de nos parents. Cela n'a pas duré, alors ils ont adopté l'anglais, et puis nous avons déménagé en Angleterre, j'allais à la *play-school* locale, et ils ont été obligés de faire comme tous les parents : murmurer, trouver des codes, des synonymes compliqués.

Ce n'est que plus tard que j'ai vu le verso de cette médaille de l'enfance : j'avais justement manqué de synonymes, de finesses ; je ne maîtrisais vraiment aucune de ces langues. Même le français reste un pays couvert d'une brume légère, dont je dois souvent vérifier la géographie dans les dictionnaires. Et vivre hors de ce pays n'arrange rien : en découvrant d'autres paysages, j'ai perdu bien des mots.

Mais j'y ai gagné un aperçu sur d'autres conceptions du temps. Un temps plus ample, plus souple, un temps multiple, qui ne se mesure pas à la vibration du quartz ou aux minutes qui s'égrènent. Le temps occidental est linéaire, comme tu dis : un événement en suit un autre, et les journées du Robinson de Tournier sont toujours penchées en avant, les unes mènent aux autres, dans le souci permanent du futur. Ainsi en est-il des rendez-vous : nous réservons une plage horaire précise, nous anticipons ce moment. Et tant que la personne n'arrive pas, tant qu'elle ne comble pas ce moment dédié, on se retrouve dans le gouffre de l'imprévu. Et ce temps-là semble valoir moins, c'est un temps d'occasion, de seconde main, et l'on commence à pianoter nerveuse-ment sur la table, à pianoter sur son téléphone portable.

Les journées de Vendredi sont tout autres, sans attente, dressées vers le soleil, dans la joie du présent.

KIM 19 octobre 06:48 Il est très rare de voir un Vietnamien, et plus encore une Vietnamienne, attendre seul chez le médecin ou ailleurs. Ils sont toujours accompagnés. Une fois, j'ai demandé à un garçon pourquoi il perdait son temps dans la cour d'école à attendre son ami qui passait un examen de trois heures. Il ne saisit pas immédiatement le sens de ma question.

— Pourquoi restes-tu au soleil à ne rien faire alors que tu peux t'amuser à la maison ou ailleurs ?

— Je ne perds pas mon temps. Je suis avec mon ami.

En amitié, le temps de l'un semble se greffer au temps de l'autre. Les minutes ne sont plus comptées, car elles ont été données à l'autre, non pas comme un cadeau mais comme une offrande, une preuve de dévouement.

En amour, avant que le Vietnam ne soit exposé au hip-hop, les jeunes hommes exprimaient leur affection en revenant chez les filles dont ils étaient amoureux, semaine après semaine, mois après mois, parfois dans un silence absolu, en laissant derrière une branche de bougainvillier, une boîte de petits-beurre LU, un fer à repasser...

Et les femmes, elles, attendaient aussi. D'abord le retour de leur mari soldat et, par la suite, de leur mari prisonnier. Elles attendaient patiemment pendant des années, ou même jusqu'à la fin d'une vie. Elles voyageaient parfois des semaines entières à travers le Vietnam, cherchant leur mari d'un camp de rééducation à un autre, avec des vivres sur le dos et un enfant à la hanche. De temps à autre, les autorités refusaient de les informer du lieu exact où il se trouvait. Alors, elles attendaient devant des clôtures verrouillées, espérant un signe. La cousine de mon père a ainsi attendu sur le bord de la route, devant son troisième camp, au pied du désespoir, sans savoir que la noirceur permettrait à l'un des gardiens de lui chuchoter à travers les roseaux que son mari avait été libéré quelques jours plus tôt, mais que le mari de sa compagne de voyage était mort depuis des mois déjà. Le gardien, lui, attendait toujours des nouvelles de son père, qui était messager au 17e parallèle, la ligne qui séparait le Vietnam en deux, qui déclarait le Nord l'ennemi du Sud, et le Sud l'ennemi du Nord. En ces temps-là, l'attente était une vertu, une force d'âme, une abnégation qui effaçait le temps de la même manière qu'une méditation.

PASCAL 20 octobre 17:26 À Jérusalem, les temps se côtoient sans se mêler, sur les pavés de la vieille ville. Ils sont aussi divers que les accoutrements : il y a le temps du juif orthodoxe, tout de noir vêtu, qui marche tête baissée parce qu'il lui est interdit de croiser le regard des femmes ; il y a le temps musulman, qui se presse en blanc sous les voûtes, vers l'esplanade des Mosquées, pour prier l'Éternel. Le temps brun des prêtres franciscains, des processions du vendredi, la croix levée, s'agenouillant aux stations de la Via Dolorosa, les genoux dans la poussière, commémorant le temps du Christ. Les soldats en treillis et en armes, qui perdent leur temps en contrôles d'identité, aux carrefours des ruelles étroites. Les caméras de surveillance, qui enregistrent le temps en boucles vaines ; l'impatience des marchands de souvenirs et le temps compté des touristes, le temps du chauffeur de bus, qui les attend. Et il y a mon temps, assis sur la haute terrasse de Papa Andrea, entre clochers et minarets, devant un café, un calepin à la main. Dans le ciel pur montent les appels à la prière.

J'ai perdu la conscience de ce temps divin, le temps de la Terre promise et de la Vie éternelle. Je ne comprends pas non plus le temps collectif, celui de la lutte d'un peuple pour sa descendance, celui des prisonniers et de leurs familles. Au loin je vois le mont des Oliviers, où le Christ fut arrêté, je pense au temps de la terre, dont je ne perçois plus que les signes, loin derrière la ville : les taches vertes des oliviers centenaires, les fines lignes des terrasses qui épousent l'arrondi des collines. Ces lignes infinies sont des murets de pierres sèches, bâtis à mains d'hommes, blanchis par les soleils, noircis par les pluies, entretenus par des générations de paysans.

Aujourd'hui, le temps des grandes tribus s'est rétréci à la durée d'une vie : l'individu mesure le temps au temps qu'il lui reste, on regarde l'heure, on va de projets en rendez-vous, je me demande si c'est pour tromper la mort qu'on remplit sa vie de *deadlines*. Je n'ai plus d'autre temps que le mien, et celui des gens que j'aime.

KIM 20 octobre 19:49 En ce moment, j'entends souvent cette expression : « Il est parti avant son temps. » Il y a peu, nous ne pouvions pas choisir notre temps. Mais, de plus en plus, les docteurs savants font compétition à Dieu – ou le défient –, en repoussant les dates qui nous avaient été assignées. Nous parvenons de plus en plus à prolonger notre vie, à acheter du temps, à contrôler notre destin. À Bangkok, les femmes accouchent par césarienne pour que leur enfant naisse le jour de l'anniversaire de leur roi. Elles déroutent sans hésitation les astres et les étoiles afin d'imposer à leur fils un destin semblable à celui du roi. Nous jouons tous avec le temps comme s'il nous appartenait. Nous effaçons sans vergogne ses traces sur nos visages et sur nos corps. Alors, peut-être, par vengeance, il élimine sans pitié les empreintes qu'il avait laissées dans notre mémoire.

PASCAL 21 octobre 11:24 Quelle terrible impression cela doit être, atteint d'Alzheimer, que de sentir son passé s'effilocher et s'évanouir dans le noir, en lambeaux... Je me souviens d'un professeur de collège qui nous expliquait que le voyage dans le temps n'était pas une utopie : on remonte bel et bien le temps, par le souvenir, et c'est tout le corps qui est transporté, l'œil et la peau, c'est le corps qui se rappelle, les bruits et les odeurs, les goûts... le goût de sa langue à elle dans un angle mort du lycée, sur l'herbe, nos dents qui s'entre-choquent dans ce premier baiser maladroit : je le sens à l'instant, le choc sur mes dents et son rire un peu moqueur – pour elle, ce n'était pas le premier baiser –, l'odeur de ses cheveux blonds et de l'herbe coupée, le souvenir de mes mains dont je ne sais trop que faire, mes mains guidées par les siennes, le poids de son corps et le froissement du coton, tous ces tissus qui m'aveuglent... Et dans la salle de cours, le sourire mal dissimulé de cet autre professeur, ce sourire que je ne comprends pas, avant de m'apercevoir que mes habits sont couverts d'herbe, que j'ai de l'herbe jusque dans les cheveux...

PASCAL 21 octobre 12:35 Et ce souvenir en appelle un autre : adolescent, j'avais lu l'intégralité des Sherlock Holmes dans les belles éditions Rencontre de Lausanne, désormais disparues. Le papier avait une odeur particulière, proche de celle des feuilles de tabac – des années plus tard, alors que je fouillais dans ma bibliothèque, l'odeur a rejailli d'un de ces livres à peine ouvert ; avant même d'en avoir lu une ligne je me suis retrouvé sur les pavés luisants de Londres, sous la lueur des becs de gaz, un bruit de sabots dans le lointain, un manoir sous la pluie, la fumée d'une pipe devant la cheminée, des bocaux et des cornues, une tache de sang sous le tapis... Tout un monde a ressurgi dans une odeur ; c'était Proust, sous la loupe de Conan Doyle.

KIM 21 octobre 06:38 Mon corps réagit comme s'il était au temps présent lorsque je repasse dans ma tête ces images d'il n'y a pas si longtemps – six mois et cinq jours, est-ce un temps long ou court ?

Je me gare devant la pâtisserie où se trouvent mon mari et mes deux fils. Je les vois sortir, heureux, l'un avec une baguette sous le bras, l'autre, des croissants dans les mains, et des cristaux de sucre de chouquettes aux commissures des lèvres des trois. Même à travers les vitres de ma voiture, je sens le parfum du beurre mêlé à celui des joues rose bonbon. J'entends également leurs pas se coordonner au rythme du bonheur au quotidien. Je me dis alors que je peux mourir, laisser ma place à quelqu'un d'autre, car la vie a déjà été trop clémente envers moi. Alors que le soleil, ou peut-être ce bonheur, m'éblouit brièvement, un klaxon fort et insistant m'incite à me retourner, à regarder par la fenêtre fermée et à voir mon fils de sept ans au milieu de la rue, les deux doigts enfoncés dans les oreilles, le nez à dix centimètres du pare-chocs d'une voiture tout-terrain, les yeux dans son univers, celui qui l'isole du nôtre, différent du mien, inaccessible.

Je regardais la scène comme si j'étais au cinéma, hors du temps. Mais, contrairement à ce qui aurait été attendu de moi au cinéma, je n'ai pas ouvert la portière. Je ne me suis pas précipitée hors de la voiture pour prendre mon fils dans mes bras. Je n'ai pas remercié le chauffeur du tout-terrain. Je n'ai pas crié ni pleuré. Je me suis juste retournée, puis, les mains sur le volant, les yeux droits devant, le corps figé, je suis restée immobile jusqu'au moment où mon fils a ouvert lui-même la portière et s'est assis dans son siège d'enfant, inconscient d'avoir salué la mort et vu un ange passer à côté de lui.

Et, comme toi, mes mains ont commencé à trembler une heure plus tard... et ne cessent de trembler depuis.

KIM 21 octobre 08:03 Ici, il pleut, il pleut, il pleut depuis des heures... Je suis trempée jusqu'aux os à courir d'un trottoir à l'autre. Alors, je retourne à ce poème de Hossein Sharang[1] qui tend vers ton soleil.

Oasis de murmure
bosquet du rugissement

nuit d'oiseau
nuit de carnivore

le sable qui fuit les minutes
le désert qui attaque l'horizon

nuit versée
nuit disséminée

voyage du serpent dénudé
vers l'étoile sans trou
nuit de peau
nuit de mouvement mort

---

1. Hossein Sharang, *Livre sauvage*, Montréal, Éditions du Noroît, collection «Latitude», 2009, p. 17.

PASCAL 21 octobre 15:32 La violence de l'immobile... Ce poème me fait penser aux déserts de Jordanie. On a l'impression qu'il n'y a là que mort, crânes qui blanchissent dans le sable, souffle du vent sur les rochers. C'est en y demeurant pendant des jours qu'on voit le mouvement, celui des insectes caparaçonnés de noir, celui des serpents (je m'y suis fait mordre sans même m'en rendre compte, vague souvenir d'un bruissement, deux petits trous dans la main). Et le mouvement des hommes ; les Bédouins distinguent les choses à des centaines de kilomètres, ils savent à qui appartient le chameau qui traverse la plaine au galop, dans un nuage, ils reconnaissent la fille qui fait paître le troupeau, sur le flanc lointain de la colline.

Perdu dans un tel désert, un Bédouin n'irait pas demander son chemin à cette fille solitaire. Il y a trop de risques que quelqu'un, quelque part, regarde, et c'est d'un coup de fusil qu'il paierait son ignorance. Il la suivrait de loin, jusqu'au campement – et elle se saurait suivie mais ne se retournerait pas. Là, c'est avec un des hommes présents, un adolescent ou même un enfant, qu'il boirait le thé dans l'ombre de la tente. Derrière la toile qui le sépare des femmes, il devinerait les rires, et les yeux noirs.

PASCAL 21 octobre 19:43 Ce que j'aime dans notre correspondance, c'est cet étrange silence des messages, qui ressemble au faux silence des déserts. En ce moment précis, un magnétophone posé dans la chambre ne capterait rien d'autre que mes doigts sur les touches, un léger cliquetis, quand dans nos têtes résonnent les voix d'une conversation ininterrompue, les nuances et les modulations de nos gorges et le claquement des langues contre les palais, les exclamations et les rires, et les interrogations muettes.

PASCAL 23 octobre 12:34 Une journée passée dans les arbres, à récolter les olives. J'aime ces moments, les conversations des cueilleurs, le crépitement des fruits qui tombent sur les bâches, j'aime glisser la paume le long du rameau, chercher la chair dans le froissement des feuilles, détacher l'olive d'un coup de pouce, recommencer, jusqu'à avoir l'ongle noir et des crampes dans les bras.

Puis, grimper dans les branches, dans l'accueillante intimité de l'arbre et, protégé par le feuillage dense, observer les femmes qui trient la récolte, les allées et venues des enfants, le doux grondement des seaux déversés dans les cageots, et le braiement d'un âne qui remonte le chemin, chargé de sacs blancs qu'on emmène déjà loin, vers la presse du village.

Et encore, le dos rompu et les jambes en coton, s'asseoir en cercle et en tailleur, partager le *kabseh*, le poulet, le riz et le yaourt, et les blagues des hommes... La femme de Mahbub est belle, elle sourit de nos appétits, la somme de nos appétits vaut tous les compliments. Si elle n'était pas là, Mahbub ouvrirait une bouteille de vin rouge, mais le vin lui ferait dire trop de bêtises... Personne ne refuserait un verre, mais cela n'ajouterait que peu à l'ivresse de la fatigue, l'ivresse des grands nuages qui passent, derrière les paupières entrouvertes de la sieste.

KIM 24 octobre 06:57 Pendant que tu étais dans les arbres, je me débattais contre le vent pour garder mon collet fermé. Il n'était que 17 heures, mais la ville sombrait déjà dans le gris de l'asphalte. Je ne connais pas cette ville mais, déjà, je sais où se trouvent ses pizzerias, son bar du coin et ses « cabanes à patates », les ancêtres du McDonald's. Ces *greasy spoons* réussissent à résister contre les géants grâce à une clientèle qui comme moi croit que les frites faites à partir de pommes de terre fraîchement coupées absorbent moins les calories coupables et éternelles de l'huile bouillante que les surgelées des grandes chaînes.

La fenêtre de ma chambre 209 donne sur un parking à perte de vue. Et pourtant, mon hôtel s'appelle Ocean Breeze. J'en suis à ma deuxième nuit, et toujours rien de l'odeur de la mer dans l'air. J'attendrai jusqu'à mon départ demain pour laisser une note à la direction suggérant de changer de nom afin d'éviter d'éventuelles poursuites pour cause de publicité trompeuse.

J'avais cherché à être invitée dans cette ville parce qu'elle se trouve à proximité de celle de Nam, celui qui m'a montré ma première étoile, tu t'en souviens ? J'espérais qu'il passerait me saluer pendant les séances de dédicace ou dans le hall de l'hôtel ou sous les lampadaires du centre commercial. J'ai mal parié. Il n'est pas venu. Peut-être parce qu'il craint que je lui demande pourquoi il reste dans ce lieu anonyme qui ne lui permet pas de porter son costume Brioni ; ou pourquoi il possède un avion Cessna alors qu'il n'explore même plus sa carte du ciel ; ou encore, pourquoi tout court.

PASCAL 24 octobre 13:52 Le Great Eastern Hotel de Calcutta mériterait aussi un procès, pour son nom ronflant, mais c'est le droit inaliénable des hôtels pauvres que de s'orner de titres fastueux... D'ailleurs, j'aurais préféré un Ocean Breeze avec vue sur parking plutôt qu'un hôtel du Parking avec vue sur la mer, car je ne serais sans doute pas descendu à l'hôtel du Parking – tandis que couché sur le matelas fatigué d'une chambre spartiate, je peux admirer l'enseigne clignotante de l'Ocean Breeze, du Bellevue ou de l'hôtel Royal qui me répète inlassablement le pouvoir des mots, et en me penchant par la fenêtre, sur l'arrière-cour et l'escalier de secours, je peux éprouver le petit plaisir de m'être fait avoir...

Aujourd'hui, sous les arcades du Great Eastern Hotel, une enseigne lumineuse porte ces mots : *Everything here is as normal as on the 18th November 1840. We survive to serve you.* Je me suis demandé si en 1840 ces trottoirs étaient déjà jonchés de corps endormis, que le portier en uniforme repoussait le plus loin possible de l'entrée rutilante. Il est vrai que l'hôtel survivait : à la réception, sur les neuf cents clés de l'énorme casier, seule une dizaine manquaient. On nous avait attribué une des chambres les plus éloignées, dans une aile récente – peut-être parce que les autres n'avaient plus d'eau courante, peut-être pour nous obliger à traverser tout l'endroit, à admirer le carrelage des couloirs interminables, à passer devant les hauts miroirs, les boiseries usées, les portes condamnées d'une douzaine de salles de réception, de restaurants, de bars aux noms étranges, Blue Bell, Holly Hock, Abhijat, de grandes portes en verre dépoli qui portaient des cadenas rouillés, presque aussi anciens que leurs poignées de cuivre. Parfois, derrière les panneaux richement décorés, on entrevoyait le ventre de l'hôtel, les casiers métalliques d'un vestiaire, l'inox d'un

lavabo... D'étroits ascenseurs en bois, dûment numé-
rotés et résolument hors service, des escaliers à n'en plus
finir, des demi-étages, d'autres couloirs, toujours plus
étroits, garnis de gaines d'aération. De la chambre je me
rappelle l'abat-jour tordu, les murs beiges et moisis dans
les angles, les lourds rideaux masquant des fenêtres qui
ne donnaient sur rien, et le ventilateur poussif, qui vacillait au-dessus du lit. Le deuxième soir j'avais commandé
un thé, qui n'est jamais arrivé. Il n'est pas impossible
qu'aujourd'hui, cinq ans plus tard, un groom erre encore
dans ces couloirs déserts, un thé refroidi à la main...

C'est dans la pénombre de l'unique bar ouvert, face
à une bière trop chaude, devant un spectacle qui hési-
tait entre le striptease et le chant, que j'ai commencé
un roman qui me poursuit toujours. J'ai démissionné
peu de temps après et quitté l'Asie, mais le Great Eastern Hotel fait désormais partie de moi, comme ces lieux
merveilleux de l'enfance.

KIM 25 octobre 16:23 Il y avait beaucoup de cadenas, de portes verrouillées, de coffres-forts dans la maison de ma grand-mère au Vietnam; même l'ouverture des poches des blouses était traversée d'une épingle. Un ami américain a déclaré que s'il devenait président du Vietnam, son premier projet de loi serait d'interdire aux femmes de porter le pyjama durant le jour. Ce serait dommage : ces ensembles sont ornés de boutons boules, boutons de nœud chinois et souvent boutons à pression qui servent à ce que rien ne vienne détourner le regard de la délicatesse de la broderie anglaise, au point de croix, ou tout simplement ajourée. Comme avec les *ao dài*, les fentes sur les deux côtés laissent deviner la courbe des hanches et un centimètre triangulaire de peau d'une fine taille. Les hauts et les bas sont taillés à partir d'un même morceau de tissu, souvent du polyester satiné, couleur aquarelle, douce et rafraîchissante comme une brise en plein midi brûlant. Les femmes enjolivent également leurs poignets avec des bracelets de jade, un bijou qui prend de la valeur avec les années parce qu'elles croient que son vert s'intensifie au fil du temps et de la sueur.

Les bijoux étaient le compte d'épargne, la fortune d'une famille, car, contrairement à l'argent, leur valeur ne fluctuait pas, ne suivait pas la courbe des humeurs lunatiques des dirigeants en place. Les bijoux de ma grand-mère se trouvaient à l'intérieur d'un coffre-fort vert forêt haut de deux mètres, installé au pied de son lit, protégé par une porte verrouillée et un énorme cadenas en fonte noire passé dans les crochets d'une seconde porte. Et la clé du cadenas était soigneusement conservée dans la poche intérieure de sa blouse brodée, refermée avec une épingle. Elle avait un autre trousseau de clés démesuré, car toutes les armoires étaient verrouillées, aussi bien les placards de vêtements que les bibliothèques. Tout se revendait au marché noir, d'un simple slip jusqu'au papier d'un livre ou d'un cahier d'écolier rempli d'équations écrites à l'encre mauve. Le poids des vieux journaux valait parfois plus que celui des mots.

La première fois que je suis retournée au Vietnam, j'avais vingt-deux ans. Un soir, en me couchant sur le carrelage de la chambre de ma grand-mère pour me rafraîchir, j'ai aperçu, dans l'espace noir entre le mur et le coffre-fort, la lueur d'un papier blanc. Il était impossible de bouger ce coffre d'un seul millimètre, même vide. À l'aide d'une règle en bois trop courte, d'une tige d'osier trop mou, d'une spatule trop épaisse, j'ai réussi à récupérer l'enveloppe.

C'était une lettre d'amour.

PASCAL 26 octobre 13:06 Tu connais sûrement *La Lettre volée*, d'Edgar Poe. Pour faire chanter une femme de pouvoir, le ministre D. lui dérobe une lettre compromettante, une lettre d'amour qui pourrait faire sombrer toute la monarchie dans le scandale. La police cherche la lettre : discrètement, durant les absences du ministre, on fouille son appartement, pièce après pièce, centimètre par centimètre. On scrute les meubles, on ouvre les tiroirs à double fond, on défait le cadre des tableaux. À l'aide de grandes aiguilles on sonde le rembourrage des fauteuils, on démonte le parquet, lame par lame, on parcourt tous les livres de la bibliothèque, un à un et page par page, on décolle les reliures de cuir, à la recherche de ces quelques grammes de papier. En vain. Alors on prétexte une attaque dans la rue, on fouille D., mais la lettre n'est pas sur lui non plus. Il faudra toute l'intelligence de Dupin pour faire échec à celle du ministre. Et, lors d'une visite de courtoisie, Dupin dérobe à son tour la lettre volée. Elle était posée dans un simple porte-carte, le ministre avait juste retourné l'enveloppe, comme on retourne un gant. Il avait trouvé la meilleure cachette possible : il l'avait laissée à la vue de tous, et personne n'y avait prêté attention.

Ainsi sommes-nous satisfaits de cette énigme résolue, parmi les plus célèbres de la littérature. Et les universitaires et les psychanalystes de se pencher sur les phrases d'Edgar Poe, de les décortiquer et de les analyser, de soulever les lames de son parquet, de poser toutes sortes de questions – mais jamais la bonne. Et Poe de sourire doucement, de son sourire solitaire et un peu triste : de cette lettre, posée en évidence devant le nez du lecteur, on ne connaîtra pas le moindre mot.

KIM 27 octobre 06:52 D'une part, pendant plusieurs jours et autant de nuits, mes parents soulevaient un à un les carreaux d'un centimètre de côté de notre ancienne salle de bain pour cacher des taëls d'or. Nous, les petits, surveillions les allées et venues des soldats communistes dans la maison.

D'autre part, les inspecteurs culturels vidaient les vases contenant des bouquets de tulipes, de lilas, de jacinthes en plastique importés de France. Ils y trouvaient des boules de journaux publiés bien des mois avant leur arrivée dans la ville, transformées en pique-fleurs. Chaque journal récupéré, même devenu une simple boule, était répertorié parce que considéré comme un acte contre-révolutionnaire.

Les inspecteurs avaient pour mission de nous épurer de la littérature capitaliste, de la pensée capitaliste et de la pensée tout court. C'est pourquoi ils scrutaient minutieusement tous les recoins de la maison avec la déontologie d'un exterminateur, mais ils ont oublié de regarder sous les carreaux rose et noir.

Je pense bien qu'ils ne connaissaient pas l'expression : « *Leave no stone unturned.* »

PASCAL 27 octobre 14:35 Mon grand-père n'a pas réussi à sauver grand-chose. Il y avait les terres et les voitures et la fabrique de baromètres, toutes choses impossibles à cacher sous des carreaux, et ses idées étaient plus dures à cacher encore. Alors on lui a tout pris, ne sont restées que les idées, et sept bouches à nourrir. D'autres se sont mieux débrouillés, ils avaient peut-être des idées plus souples. Un sien ami, un peintre, avait reçu l'ordre d'encadrer une vieille toile. On l'a mené dans un grenier du centre de Bratislava où gisaient des centaines de cadres, de tous formats, grossièrement polis ou finement plaqués à l'or fin. Tous vides : les propriétaires avaient eu le temps d'en retirer les toiles pour les rouler et les cacher avant les réquisitions. De ces œuvres, je me demande combien ont disparu, oubliées dans l'angle d'une armoire, sous le châssis d'un lit...

Il y a des tempêtes qui traversent l'histoire, des révolutions qui brûlent les livres, des guerres qui pillent les musées et ne laissent que ça, une grande collection de cadres vides.

PASCAL 28 octobre 10:33 Je cours avec un café tremblant dans sa tasse, mal réveillé et tout à ma hâte de te lire, de t'écrire... Mais j'ai peu dormi et j'ai renversé tout mon sac à mots ; je suis en train de les ramasser, ce qui risque de durer... Donc un café, en attendant.

Un bar fêtait hier la fin de la belle saison. C'est une grande terrasse logée dans une pinède, en bordure de la ville ; les soirées fraîchissent et le propriétaire a décidé de fermer pour aller passer quelques semaines en Thaïlande. Il voulait vider ses stocks : le comptoir était couvert de bouteilles de toutes sortes, la petite carrée du Cointreau, les bouteilles de whisky au col gracieux, les élégantes libanaises parfumées à l'anis et maquillées d'arabesques, les appellations non contrôlées, de jeunes portugaises de vingt ans d'âge, de riantes mexicaines, des russes faussement froides et puis les blondes, les ambrées et les brunes locales : toutes les muses qu'un bar peut contenir, offertes par la générosité d'Abed à la soif de ses amis. Ça n'incite pas à la sobriété. Francesca a dansé aussi, sa belle silhouette à contre-jour dans les fumées traversées d'éclairs... pas trop longtemps bien sûr, d'autant qu'après cinq mois le petit entend, et les percussions et les basses étaient à la limite du supportable pour mes oreilles à moi... Je l'ai raccompagnée pour ensuite revenir analyser les mille bouteilles. À un moment donné, une fille s'est assise à côté de moi, mignonne, conversation de bar... Quand je lui ai dit que j'avais une compagne et qu'elle attendait un enfant, elle s'est levée pour appeler un taxi. Je me suis alors replongé dans mon verre. À vrai dire, je n'aurais pas passé une nuit avec cette fille-là. Avec certaines autres je pourrais sans doute passer toute une vie, mais je n'en ai qu'une, de vie.

KIM 28 octobre 04:26 Heureusement que nous ne sommes responsables que d'une seule vie, non ? En fait, depuis mes deux enfants, j'ai l'impression de vivre trois vies. Chacune tourne autour d'un axe différent. Chacune avance à sa vitesse. Chacune cherche sa direction. On compare souvent les parents aux jongleurs. Je crois qu'ils sont plutôt des funambules qui jonglent, marchant sur leur fil de fer, souvent contre le vent, parfois sur des talons pointus, rarement sans peur.

Mais ça c'est rien.

J'ai rencontré hier un monsieur qui a eu quatre vies. Il est de ceux qui ont connu les camps de concentration de la Seconde Guerre, qui ont attendu leur tour d'être jeté dans le bain froid où, au bénéfice de la science, les hommes aux sarraus blancs chronométraient la mort, ou plutôt la fragilité de la vie. Les Américains ont mis fin à ce cauchemar, ce qui lui a permis de rencontrer Henry Miller quelques dizaines d'années après, puis de retourner en Allemagne et en Lituanie, où son père avait été un diplomate, un sang-bleu du pays, avant d'en être chassé par les Russes. Mais son père est mort en Québécois, Canadien, heureux.

Ensemble, nous avons parlé de ses vies multiples, de ces indicibles instants où il avait été le témoin de la métamorphose de l'humain en monstre, ou inversement du monstre en humain. Cependant, ce grand monsieur m'a confirmé la force insoupçonnée de la vie au moment où, bafouillant et rougissant, il m'a raconté sa rencontre avec une femme, venue sonner à sa porte un mardi après-midi, il y a longtemps déjà. Il se souvient encore de ses joues roses et du lent atterrissage d'une feuille d'automne sur son épaule.

Il a ramassé cette feuille jaune safran et l'a insérée entre deux pages de son *Robert*, dictionnaire qui définit l'indicible.

Pascal 28 octobre 12:35 Cette feuille couleur safran vole de page en page et de vie en vie, c'est la lettre d'amour de ta grand-mère ou la lettre volée de Poe...

Ce sont les mêmes mots, dans les nervures de la feuille et les déliés de l'encre, des mots simples qui ne suffiraient pas à faire un livre, et qui contiennent pourtant tous les livres. Des mots nus et sans style, ceux qui demandent le plus d'efforts, lorsqu'on les trace d'une main tremblante sur la table bancale d'un collège, des mots qu'on plie en deux, en quatre, en huit, qu'on demande de faire passer à la fille assise là-bas, tout devant, le petit papier qui va de main en main, quand le professeur a le dos tourné, ce petit papier qui franchit les rangées chuchotantes, qui arrive jusqu'à elle, jusqu'à sa main – et mon regard brûlant vers son visage, quand elle le déplie.

PASCAL 28 octobre 13:46 C'était lors d'une brocante que j'ai trouvé cette série de livres de Maupassant. Alors que je voulais en prendre un sur l'étagère, ils sont venus tous ensemble : ils étaient collés et ce n'étaient pas des livres, juste une imitation en carton que les magasins utilisent pour décorer leurs meubles. C'est dans cette série de livres creux que j'ai rangé les lettres que je recevais, pendant des années. Je les glissais dans ce petit casier de carton : le premier volume était dédié à mon ami de Bratislava, l'autre à ma petite sœur de cœur, qui m'écrit à la moindre escapade ; il y a aussi les lettres de mon ami exilé à Hong Kong, des cartes postales et des lettres-fleuves, de la politesse à la passion, des lettres aux enveloppes bariolées, collages découpés dans des magazines, des enveloppes qui prient le facteur de presser le pas, des écritures en pattes de mouche, en lettres capitales, une lettre reçue d'Allemagne qui m'a fait pleurer, et d'autres qui ont eu sur mon corps d'autres effets.

C'en est fini désormais, de cet archivage de mots passants... Ici le courrier ne passe pas, et quand bien même, l'ordinateur l'a remplacé. Dans les collèges les plus sages, les adolescents mettent leur téléphone en mode silencieux, et c'est d'un regard sous la table qu'ils déchiffrent, sur l'écran lumineux, les mots qui les feront vibrer... Sans doute les mots sont-ils les mêmes, tout comme les émotions. Mais comment feront-ils, eux, les soirs de mélancolie ? Pourront-ils renverser une rangée de faux livres, ouvrir une boîte en fer, un tiroir oublié, pour se replonger dans les odeurs du passé ?

KIM 28 octobre 16:59 J'ai un correspondant allemand à qui j'écris depuis vingt-sept ans. La première fois que je suis allée lui rendre visite, c'était il y a presque vingt ans. Nous étions tous les deux au début de notre vie d'adulte, avec des gestes gauches, des silences mal compris mais une amitié sans conditions. Dans sa chambre, dans une boîte de souliers, toutes mes lettres étaient classées par ordre chronologique, une par mois, douze par année, suivant le rythme régulier des pas de nos facteurs.

Nous ne pouvons être plus différents. Il utilise toujours le même papier, la même enveloppe, depuis la première lettre. De mon côté, je cours les magasins pour trouver des articles inusités. Son écriture conserve les mêmes mouvements au fil des années, toujours le même souffle, alors que la mienne varie selon le contenu : minuscule pendant les nuits trop violentes, géante au printemps, cursive en voyage… Aussi, il n'a eu que trois domiciles, celui de ses parents, un deuxième pendant ses études et celui qu'il partage maintenant avec ses enfants et sa femme. Je connais donc ses adresses par cœur, mais pas les miennes, sauf celle où je vis.

Nous nous sommes revus à Munich, à trente minutes de chez lui, il y a à peine un mois. Je ne l'ai pas reconnu tout de suite parce que nous avons cessé de nous envoyer des photos une fois adultes, une fois que nous avons pu lire ce qui n'était pas écrit. Nous avons passé plusieurs heures ensemble, en tête à tête, à nous demander pourquoi une mèche de cheveux rebelle nous chavire et pourquoi le *Voyage d'hiver* de Schubert nous déchire, même en plein été. Égoïstement, j'ai refusé de passer une nuit chez lui comme c'était prévu. Je ne voulais pas le voir dans un univers autre que le nôtre. « Je n'ai pas apporté de pyjama. » Il m'a souri. Nous étions d'accord.

PASCAL 30 octobre 13:32 Vingt-sept ans... Ton ami munichois possède un véritable trésor. J'aime les boîtes à chaussures, leur bruit distinctif quand on les fait glisser du haut d'une armoire, quand on en soulève le couvercle. J'aime lorsqu'elles sont remplies de billets de banque, par exemple. Tu as remarqué, le plus souvent les liasses de billets se trouvent dans des valises noires, dont on fait claquer les fermoirs, sur le lit d'une chambre d'hôtel ou sur le capot d'une voiture, lors des transactions de haute volée, dans un terrain vague. Ou bien les liasses sont jetées pêle-mêle dans des sacs de voyage, jetés à leur tour sur des sièges arrière : c'est alors le fruit d'un cambriolage, d'une rapide escroquerie, et le sac mou signale déjà la fuite, il annonce des gyrophares et des coups de feu ; il a des parfums d'exil.

Et puis il y a les billets qu'on range dans des boîtes à chaussures, et qu'on cache en haut d'une armoire. Là, le scénario est différent, c'est une histoire domestique, l'intimité d'une chambre à coucher, la fragilité d'un foyer. C'est souvent une femme qui cache cette boîte, l'argent est sale aussi, assurément, mais ce n'est pas le sujet du film. La modestie du carton tente de cacher les radiations du contenu, c'est une boîte qui menace d'exploser. Il suffirait d'y plonger la main pour changer de vie, se retrouver à l'ombre des palmiers ou sous les néons d'une cellule.

Je ne sais pas comment ton ami munichois considère cette boîte à chaussures. Bien qu'il ne s'agisse pas du fruit d'un hold-up, mais plutôt d'un trésor patiemment accumulé, d'un lent et beau travail, je crois que vingt-sept ans de tes lettres me brûleraient les doigts...

KIM 31 octobre 15:52 Au Vietnam, les chaussures se vendaient sans boîte. Nous conservions donc nos trésors dans des boîtes à biscuits danois en métal bleu, sinon à l'intérieur des matelas, enfouis au milieu d'amas de coton, surveillés en tout temps par un père vieillissant qui dort le jour et somnole la nuit.

Un jeune Vietnamien dans la vingtaine m'a invitée à dîner chez lui alors que je venais tout juste de m'installer à Hanoi. Il voulait me présenter à ses parents. Je me suis donc habillée en conséquence. Par politesse, par réflexe de jeune professionnelle occidentale, j'ai enfilé un tailleur griffé, des talons hauts et un collier de perles près du cou. Il est venu me chercher en Dream II, un des scooters les plus vendus à cette époque-là. « Dream II » était sur toutes les lèvres ; apparemment, même les morts qui rencontraient Martin Luther King au paradis disaient fièrement, comme si c'était une preuve de leur propre combat, de leur propre liberté, de leur propre victoire : « *I have a dream II.* »

Nous avons traversé la ville en nous faufilant entre des centaines de motos et de bicyclettes. Les genoux des uns frôlaient les sacs des autres. À un feu rouge, nous avons attendu à côté d'un cochonnet transporté dans une cage cylindrique en osier tressé à larges mailles. Je me trouvais coincée entre, d'un côté, le nez du cochon qui reniflait mon dos et, de l'autre, un enfant assis entre ses parents et sa sœur, qui éternuait sur ma main. Ils étaient cinq sur la moto, comme ma petite famille juste avant que nous ne quittions le Vietnam. Il est difficile de croire qu'on puisse s'endormir dans une position aussi inconfortable, mais comme le bébé assis entre les jambes de son père, le conducteur, je m'assoupissais sans cesse aussi, la tête ballottant entre les seins de ma mère et la tête de mon frère, comme si j'étais retournée dans son ventre. C'est durant l'un de ces déplacements entre l'école et la maison qu'une plaque de métal rouillée, attachée sur le banc d'un autre conducteur, m'a coupée au genou gauche. Le coin était si tranchant qu'il s'est enfoncé dans ma chair sans que je m'en aperçoive. Le sang a commencé à goutter sur l'asphalte seulement une fois que le feu fut passé au vert. La vitesse a permis une coupure rapide et précise. J'en porte encore la cicatrice aujourd'hui, souvenir d'une enfance d'ailleurs.

J'ai quitté le Vietnam trop jeune, alors que je n'avais jamais eu la chance de m'asseoir en amazone sur un deux-roues comme les femmes. Mais ce soir-là, en tant que jeune femme, je me suis installée avec pudeur derrière mon ami, les jambes croisées, une main sur sa taille et l'autre sur l'appui de métal au bout du siège. Dans cette position, il faut être très attentif aux mouvements de l'autre afin de maintenir l'équilibre. Nous formons équipe avec le conducteur, obligatoirement, même lorsque nous ne sommes que des passagers sur une mototaxi.

Nous sommes arrivés chez lui quinze minutes plus tard, les cheveux portant le souffle du vent et le visage, la fine poussière des pots d'échappement. Il vivait au fond d'une ruelle en labyrinthe avec des culs-de-sac créés par des cages à poules devenues poulailler ou des grandes cruches recueillant l'eau de pluie transformée en salle de bain. Je n'aurais pas trouvé le chemin du retour sans lui.

Sa mère nous a accueillis avec de la nourriture déjà disposée sur une table qui se trouvait au pied de son lit sans matelas. Seule une natte recouvrait les minces planches de bois. J'avais très honte de m'asseoir sur le petit banc en bois avec ma jupe droite et mon veston cintré. Je fuyais les regards en lisant la suie sur les murs qui racontait l'histoire de cette famille. Après le repas, mon ami m'a emmenée dans une pièce voisine où il y avait un matelas simple sur lequel son père se réfugiait depuis les années sombres. D'un geste puissant, il a éventré le matelas, déchirant le tissu jauni et usé à la corde. Et d'un geste lent, il a sorti un à un les quarante paquets de mille dollars américains, un montant suffisant pour construire une maison de deux étages.

Mon ami avait accumulé tout cet argent en vendant des nouilles instant. Il avait pédalé toutes les nuits de son adolescence, aux quatre coins du pays, avec son gros sac rempli de carrés de nouilles sèches attaché au banc arrière de sa bicyclette. Ailleurs, chaque portion est emballée individuellement. Au Vietnam, à cette époque-là, comme les souliers, les nouilles se vendaient dans leur forme la plus simple, sans enveloppe, sans boîte, sans assaisonnement, juste l'essentiel... à l'image de la demande en mariage que j'ai reçue ce jour-là de ce Vietnamien qui avait mon âge mais qui était déjà si vieux.

PASCAL 31 octobre 21:35 C'est aussi pour se marier que Hamze a voulu ajouter un étage à la maison de ses parents. En Jordanie, les toits des maisons les plus modestes sont souvent hérissés de fers à béton, pour permettre l'ajout d'un étage par la génération suivante. Je me rappelle bien du visage de Hamze, de sa fine moustache, de ses mauvaises dents et de ses yeux pétillants. Comme beaucoup de types partis de rien, il avait choisi de faire carrière dans l'armée. Il devait avoir quarante ans quand je l'ai rencontré : il apprenait le français dans l'espoir d'être envoyé comme Casque bleu en Afrique. Avec mon colocataire, nous l'avions invité au restaurant, un soir, et j'avais commis la même erreur que toi avec ton collier de perles : le restaurant était trop chic, trop cher. Cela n'était pas un problème ce soir-là, mais en Jordanie on ne se laisse jamais inviter sans rendre au moins l'exacte pareille... Quelques semaines plus tard, c'est Hamze qui ouvrait son portefeuille pour nous deux, dans le même restaurant. Je me suis reproché cette maladresse, sur le coup. Et plus encore aujourd'hui. Hamze est effectivement devenu Casque bleu : en un an ou deux, il aurait pu gagner assez d'argent pour ajouter un étage à sa maison, devenir un parti honorable et se marier, enfin. Mais il est mort au Congo, au volant de son camion renversé.

La dernière fois que je suis allé en Jordanie, j'ai revu mon ami Omar. Nous avons parlé de Hamze, qui avait été comme un père pour lui. Lorsqu'ils étaient de simples soldats, Hamze se levait toujours le premier, pour préparer le café. Puis il posait une main sur l'épaule d'Omar, pour le réveiller en douceur, dans un murmure et grâce à l'odeur du café. Chaque matin, il le préservait ainsi de la violence des sirènes qui, quelques minutes plus tard, secouaient la caserne.

KIM 1er novembre 18:20 Le restaurant où j'allais presque tous les soirs quand j'étais en poste à Hanoi avait une table de près de deux mètres de long. La chef-propriétaire s'installait d'un côté et les clients de l'autre, sur le banc en bois ou sur l'un des deux tabourets en plastique rouge disposés à chaque extrémité. Au milieu de la table, une frontière était tracée par des bols renversés, sur lesquels étaient posées des soucoupes qui présentaient le menu du jour : foies, grappes d'œufs, pattes, gésiers, cœurs et têtes, tous de la poule et tous crus. À droite, un énorme chaudron de bouillon tenait en équilibre au-dessus de la bouche d'un poêle en terre cuite à l'intérieur duquel un bloc de charbon rougissait.

Pendant tout le premier mois, la chef a tenté de me persuader que, sans l'ajout de sa cuillerée habituelle de glutamate monosodique, mon bol de soupe tonkinoise ne goûterait que ma salive. Moi, je voulais la convaincre que ses quelques filaments de feuilles de lime kaffir suffisaient pour habiller les vermicelles de riz, de la même manière que les quelques gouttes de parfum vaporisées dans le cou d'une femme dessinent déjà tout un paysage sur sa peau. Avec le temps, elle a accepté de me servir mon bol sans argumenter, mais elle ne comprenait toujours pas mon analogie. J'avais oublié que sur ce trottoir longé d'un caniveau ouvert, elle ne sentait que des odeurs, jamais de parfums.

J'ai reçu récemment, en cadeau d'anniversaire, un parfum à la fleur d'oranger, bouteille numéro 2062. On m'a précisé que seuls 6 000 flacons avaient été mis sur le marché cette année-là et que l'artisan n'en produit pas chaque année. Je me suis alors demandé qui étaient les 5 999 autres femmes et si, comme moi, elles ne préféraient pas, de façon ingrate, le simple parfum des feuilles de tomate fraîchement cueillies... ou celui des pétales des fleurs de lait transportés par le vent, jusqu'à ma cuillère de soupe sans glutamate.

PASCAL 2 novembre 13:22 Je ne crois pas que je saurais apprécier le parfum de la fleur de lait, et j'ajouterais sans doute une cuillère de glutamate dans ma soupe tonkinoise... Des senteurs éthérées que tu décris j'aime l'idée, et l'image – et j'avoue que le mélange d'effluves lourds qui flottent dans certaines parfumeries françaises m'insupporte aussi, beaucoup plus que la puanteur de la station d'épuration bombardée qui m'a accueilli la première fois à Gaza, ou que celle de la grande tannerie à l'ouest de Dhaka, qui arrivait jusqu'à nous certains jours d'été, après les grandes pluies, quand le vent soufflait dans la mauvaise direction. Mais mon nez n'a jamais été très fin, et mis à part le parfum de certaines nuques, mon odeur préférée reste, je crois, celle de l'essence... C'est peut-être le relent extraordinaire des vacances de mon enfance – j'aime les stations-service, les libre-service d'autoroute, le café des machines automatiques. Le grand restoroute au supermarché rempli d'inutilités, ou la petite station des routiers, qui ne vend que l'essentiel, sandwichs maison et magazines pour hommes... Ce sont des endroits hors-sol, où tout semble gratuit, alors même que tout y est trop cher. J'aime le claquement fatigué des portières, l'engourdissement des jambes que l'on étire, la démarche traînante des gens qui s'y croisent, qui semblent se rendre de leur lit à leur salle de bain – de leurs longues heures de conduite, ils ont gardé l'indifférence des véhicules qui se croisent par milliers –, la caissière lasse, le père de famille qui s'est allongé dans l'herbe rare, les hommes en survêtement, les femmes sans maquillage, et par-dessus tout ça, les cris des enfants qui réclament une glace, qui se poursuivent sur le parking... le vrombissement inlassable des voitures qui passent sur l'autoroute, et l'odeur de l'essence...

Tu t'étonneras peut-être de cette banalité. Ici, dans un pays où l'on ne peut faire plus de vingt kilomètres sans être arrêté, ce souvenir d'autoroutes m'est aussi doux que celui d'un séjour d'enfance à Palavas-les-Flots.

KIM 3 novembre 20:39 **Le rêve de Nam** était justement de sentir l'essence en sillonnant les États-Unis en Harley Davidson. Il voulait partir, manger dans les *truck stops* et s'arrêter dans des villes où l'on ne reste pas… Et finalement, il s'est installé dans une de ces villes typiquement nord-américaines, anonymes.

Chaque matin, il traverse cette ville minuscule, somnolente, engourdie par le rythme régulier des vagues, par le souffle ininterrompu du vent, par l'immensité de l'espace. Chaque matin, des hommes par dizaines se dénudent devant lui, exposant parfois en silence, parfois en colère, souvent avec docilité, la fragilité de leur masculinité et la vulnérabilité de leur être. Comme un prêtre, il écoute la rage, la résignation, la confession de tous ces hommes devenus patients. Comme un prêtre, il les console sans jamais être consolé à son tour parce qu'on le croit fort, imperméable. Comme Dieu, il donne parfois raison à la mort. Contre Dieu, il se bat parfois pour donner raison à la vie.

Depuis dix ans, ses jours s'enchaînent comme les perles d'un chapelet. Malgré les appels d'urgence au milieu de la nuit pour réparer des urètres sectionnés ou des reins aplatis, malgré la montée d'adrénaline pendant l'ascension vertigineuse de son corps soulevé par un *surfing kite*, malgré la douceur étonnante de la joue de son fils contre son épaule, en rêve, ses jours lui semblent identiques, prévisibles, comme les graines qu'enfile un patenôtrier.

Il s'est retiré dans ce havre avec l'espoir que la tranquillité des lieux le protégerait de ces tumultes ulcéreux où le passé s'entrechoquait avec les possibilités du présent, où la survie affrontait le choix de vivre, où il devait faire des promesses afin que sa mère cesse de se prosterner à ses pieds, suppliante.

Il s'est marié avec Charlotte parce qu'elle possède une histoire familiale sans failles et un dossier médical sans histoire. Elle a été élevée par de bons parents, a reçu une bonne éducation et avait le potentiel d'être une bonne mère. Elle a les cheveux blonds, les yeux bleus, de grandes jambes, des seins de taille B, des valeurs classiques, des priorités établies. Elle a l'étoffe d'une bonne épouse. Il le sait. Il le constate. Il la remercie secrètement de lui procurer ce nid de confort où son âme reste intacte, intouchée, ignorée.

Chaque fin d'année, sa femme envoie des cartes de Noël décorées d'une photo de leur famille : deux parents, deux enfants et un chien devant une cheminée illuminée par une bûche qui ne produit pas de cendre mais qui réchauffe sans brûler, jamais. Sa mère garnit son piano de tous ces clichés, qui révèlent un bonheur loin de l'essence, un bonheur trop beau pour être vrai.

Kim 3 novembre 20:50 Je quitte le petit confort de ma propre famille demain pour passer quelques jours à Rimouski. Je ne sais si je pourrai t'écrire, mais permets-moi au moins de te lire...

PASCAL 4 novembre 13:31 Je me rappelle avoir écrit, il y a longtemps déjà, un petit texte tout entier concentré sur une goutte de vinaigrette, qui coulait lentement le long d'un saladier, lors d'un repas dominical. J'étais alors un jeune poète chevelu et échevelé, qui n'affichait que le plus royal mépris pour le confort, le foyer et la famille, et tout ce qui remplissait son assiette – et je regardais d'un œil morne ces repas où le temps glissait lentement le long d'un saladier.

Jad n'a pas eu ce luxe, sa famille n'est pas complète, il n'a pas revu son père depuis quinze ans. Comme avec de nombreux Palestiniens, l'armée israélienne l'invitait régulièrement dans la base de Beit El, et ces invitations-là ne se refusent pas... On le faisait attendre de longues heures sur un banc, sous un prétexte ou un autre, on réclamait des papiers, on faisait des vérifications. Jusqu'au jour où Jad a exigé de parler à un gradé, à qui il a dit qu'il ne viendrait plus, quelles que soient les conséquences. Alors l'officier l'a fait asseoir, lui a proposé du thé, des cigarettes. Et l'officier a commencé à lui raconter sa vie, non pas la sienne mais celle de Jad. Tout, dans les moindres détails, son enfance, ses études, ses engagements, ses problèmes de papiers, ses autorisations de travail. L'officier savait tout, et il connaissait surtout le sort de son père, exilé en Jordanie, qui ne pouvait passer la frontière. Tout cela, a dit l'officier, pouvait se régler facilement, très facilement. Il a sorti un téléphone de sa poche et l'a fait glisser sur la table, vers Jad. « Appelle ton père, regarde, le numéro est déjà affiché. Appelle ton père, dis-lui de faire ses bagages, de se rendre à la frontière. Dis-lui qu'on le laissera passer. Dis-lui que dans cinq heures il peut être à la maison, avec vous. » Jad a souri, a pris le téléphone, a regardé l'officier, a attendu la suite. Et puis il a reposé le téléphone, et il est parti. Il n'aurait pu apprécier aucun repas en famille s'il avait fait ce que l'officier attendait de lui.

Aujourd'hui, je suis heureux de ces moments rares que je passe avec mes parents et mes frères... Peu de choses valent la satisfaction de ces repas partagés, et j'apprécie chaque instant de ces dimanches, le soleil qui fait briller une goutte de vinaigrette, les bêtises que nous nous racontons, la vaisselle à débarrasser et l'odeur du café... Je n'ai pas la force de Jad : si j'avais une patrie, je la vendrais sans ciller.

PASCAL 7 novembre 19:40 Le travail de Francesca la mène souvent à Gaza, dans les camps de réfugiés, mais lors de la deuxième échographie, le docteur lui déconseille de s'y rendre, à cause des scanners corporels auxquels on est soumis à la frontière. Les radiations peuvent être dangereuses. «Je peux aussi vous faire une lettre en hébreu, ajoute-t-il, une lettre qui certifiera que vous êtes enceinte… Mais je ne sais pas si ça servira, les soldats ne prennent pas toujours ces lettres en considération.» L'assistante du docteur Farhat est israélienne. Elle lève les yeux au ciel, elle soupire. En nous raccompagnant vers la sortie, elle nous confie que lorsqu'elle était enceinte de son fils, elle a prié pour que l'occupation se termine enfin, elle a prié pour que son enfant n'ait pas à faire son service militaire. «Aujourd'hui, il a dix-neuf ans et il est à l'armée…» Elle hausse doucement les épaules, nous sourit et s'en va, elle nous laisse avec nos rêves et nos inquiétudes, un cliché d'échographie dans les mains.

L'idée d'un enfant ne provoquait en nous ni refus ni désir : c'est dans cet entre-deux qu'a surgi la petite chose qui pousse dans le ventre de Francesca. Au début, ce ne fut pour nous qu'une bestiole, un organisme sans conscience, un morceau de vie un peu cannibale, simplement destiné à croître et à prendre de la place. Et puis nous l'avons appelé «le monstre», en voyant une première reconstitution 3D de son visage de gobelin ricanant. Et puis il est devenu notre «petit monstre», et puis il a simplement été «le petit», et hier nous l'avons baptisé Thomas. Il aurait pu être Matteo ou Arthur ou Hugo, mais soudain il fut Thomas – et depuis que Thomas a un nom, il m'est cher…

Sur les bancs de l'université, j'ai appris que les anciens Égyptiens avaient la notion d'une parole efficace, c'est-à-dire que les mots prononcés avaient, obligatoirement, un effet – les mots n'étaient pas le nom des choses, mais les choses elles-mêmes. On invoquait la lumière, à l'aube, et la lumière venait, l'astre était là, tout entier issu du mot « Soleil ». Je comprends mieux aujourd'hui cette idée, et le fait qu'elle ne s'applique pas seulement aux anciens Égyptiens. Les mots ont un pouvoir réel : il faut simplement attendre le bon moment pour les dire.

PASCAL 8 novembre 10:31 J'arrive à Rimouski, au Tropical Beach Hotel on m'annonce que tu viens de repartir. J'ignore à quoi peut ressembler cette ville dont le nom aux sonorités sibériennes m'évoque vodkas et chapkas, et que j'imagine ouverte sur un golfe gelé... Je ne sais rien de ton pays d'adoption. J'ai un oncle à Toronto, dit-on, à qui nous aurions rendu visite quand j'avais trois ans ; mon père a filmé nos jeux dans la piscine ronde du jardin, j'ai nourri des biches dans un zoo, ma mère debout à côté des biches, jeune et souriante, et les chutes du Niagara, dont la rumeur se confond avec le ronflement du projecteur... Le film était surexposé : ma mère debout à côté des biches, quelques images tremblantes et puis le noir. Peut-être a-t-on tout inventé, peut-être n'était-ce qu'un montage, je ne suis peut-être jamais allé au Canada. Mais j'aime cette absence de souvenirs, le regard naïf que je promène maintenant sur les contours de ton pays.

J'achète une barque, je quitte Rimouski, je passe devant Rivière-du-Loup, Rivière-du-Loup n'est pas une ville, c'est une forêt sortie d'un roman de Jack London, et sur les berges du fleuve une famille de trappeurs me regarde passer. À Beauport, je fais provision de vivres et d'eau, je passe Cap-Santé et j'ai la fièvre, à Saint-Ignace-de-Loyola il fait plus chaud encore, à Contrecœur des Indiens me font payer un droit de passage, je continue mais hésite, à Repentigny j'envisage de rebrousser chemin, avant d'apercevoir, brillant dans un midi d'automne, les gratte-ciel de Montréal. Mon embarcation longe les côtes verdoyantes de la rivière des Prairies – « Si c'est Kim que vous cherchez, me lance une marmotte, les pattes en porte-voix, vous êtes sur le mauvais cours d'eau. Descendez jusqu'à Senneville, prenez à gauche, faites le tour. » Alors je longe les falaises en dents de scie de L'Île-Perrot, à Annabelle-Beach des sirènes en maillot tentent de m'arrêter, je me bouche les oreilles. Les religieuses de l'Île-des-Sœurs m'indiquent Saint-Lambert et Le Moyne, je veux leur vendre ma barque, elles m'offrent une bicyclette en échange. Je traverse triomphant le pont Victoria, trouve tape-à-l'œil la rue Riverside et jolie la rue Joliette, m'arrête au restaurant L'Oliveto où je commande une bruschetta ; au bistrot L'Etcetera le patron m'indique ta maison, là-bas : à gauche avant le terrain de foot. Je remonte les numéros, 96, 95, 94... La façade de la maison, je ne l'imaginais pas ainsi, je pose ma bicyclette sur la pelouse, je traverse le jardin jonché de feuilles mortes, je sonne.

C'est ton mari qui m'ouvre, il me sert un cognac : « Kim ? Elle est repartie à Québec... »

KIM 10 novembre 13:40 Est-ce que mon mari t'a raconté comment nous nous sommes rencontrés ? Comment je me suis éprise de lui dès le premier baiser ?

Au moment du baiser, nous étions encore bien jeunes, mais il avait déjà plusieurs années d'avance sur moi, car l'âge ne se compte pas nécessairement en nombre d'années vécues. Déjà à la mi-vingtaine, il possédait une collection de disques, une armoire de diapositives et une longue liste de conquêtes. Je me souviens d'une Parisienne aux grands cheveux roux bouclés qui a traversé l'océan pour venir jusqu'à lui après l'avoir raté à Beyrouth, et de cette fausse blonde qui lui caressait l'intérieur des cuisses sous la table d'un jardin intérieur bondé d'individus en cravates ou escarpins griffés. Durant ces soirées de *bonding*, l'alcool coulait à flots : du rouge, du blanc, des bulles, du vrai, du faux... tout soulignait notre immortalité, ou l'immortalité de notre arrogante jeunesse.

Même si je m'assoyais à la même table, riais des mêmes blagues, respirais les mêmes parfums de fleurs fraîches qui adoucissaient le blanc immaculé des nappes, je ne parvenais pas à m'enivrer comme les autres convives... Au départ, j'ai pensé que mon corps m'imposait cette lucidité permanente parce qu'il était trop fragile pour faire le voyage parfois étourdissant de l'alcool. Mais je crois que je me trompais. Je n'ai tout simplement pas appris à boire autre chose que de l'eau, l'eau plate, l'eau gratuite. Pendant nos premières années au Québec, nous nous permettions parfois une sortie au restaurant pour goûter aux sous-marins, aux *hot chicken*, à la pizza, afin de les reproduire à la maison, à moindre coût. Chaque fois, ma mère nous rappelait que nous ne pouvions pas commander de boissons, car elles coûtaient quatre fois plus cher qu'au marché. De toute manière, il était important pour elle que nous ne devenions pas dépendants du sucre du Coca-Cola ni de la caféine du café et encore moins de l'ivresse de l'alcool, tout comme du vertige de l'amour. Elle insistait pour préserver notre liberté afin que nous ne désirions jamais assez le toucher d'une personne pour en rêver toute une nuit, ou essayer de l'attraper en courant, ou en tomber amoureux.

Paradoxalement, ma mère me récitait souvent ce poème vietnamien dans lequel un veuf conserve les vête-ments de sa femme dans une armoire hermétique afin d'y humer son odeur de temps à autre pendant les nuits sans étoiles ou quand les détails d'une ridule du coude de son amour s'échappent des sillons de sa mémoire. Or, elle ne comprendrait pas comment un vieux chandail de garçon, roulé et pressé contre une joue pendant le sommeil, pouvait me soûler jusqu'à ce que j'en perde tout repère. Elle ne comprendrait pas plus comment le corps nu d'un homme aux jambes puissantes, au dos musclé, aux fesses bombées, endormi sous un ventila-teur paresseux, couché au milieu d'une pièce sans mur ni cloison saurait ouvrir mon horizon sur un espace infini où ma voix voyage depuis librement sans être retenue par son propre écho.

PASCAL 11 novembre 14:37 J'imagine
la description que Casanova aurait faite d'une femme
ainsi endormie, dans la brise d'une fenêtre ouverte, un
jour d'été à Venise... Ces moments où l'on s'abîme dans
la contemplation de l'autre, où le soi se dilue dans l'acte
d'aimer, quand la conscience se tait, quand la voix ignore
son écho...

À la fin de sa vie, lorsqu'il n'était plus qu'un vieux
bibliothécaire au service d'un jeune comte, Casanova
trouva le moyen de revivre ses amours, qu'il consigna
dans d'épais mémoires où ne manque pas un regard, pas
une dentelle, pas une mèche de cheveux. Un dernier pied
de nez à la vieillesse... Dans les murs clos d'un château
de Bohème, entre les livres fermés de la bibliothèque, sa
voix lui revint alors chargée des échos de mille soupirs –
toute la mémoire de ces instants où l'on s'oublie.

Je me souviens de cette publicité pour la nouvelle
Fiat 500, inspirée du modèle des années 1960. C'était un
clip grandiloquent, qui faisait défiler en noir et blanc
toute l'histoire de l'Italie de ces années-là, les exploits
sportifs et les chanteurs populaires, la guerre froide et les
Brigades rouges, accompagnés d'un piano pesamment
mélancolique. Je m'étais étonné de tant de cérémonie
pour une bête voiture. Mais la mère de Francesca m'a
expliqué. L'ancienne Fiat 500 était un symbole national,
et plus qu'un symbole, le souvenir d'une période inou-
bliable : de Venise à Palerme, toutes les personnes de
son âge avaient fait l'amour dans cette Fiat minuscule,
souvent pour la première fois, parce que c'était l'espace
intime le plus facile à trouver quand on était étudiant
dans les années 1960... Alors j'ai revu l'habitacle étroit
d'une autre voiture, dans un autre pays, et l'embarras des
vêtements, les acrobaties malhabiles et les rires retenus,
et puis les cris des amortisseurs et la buée sur les vitres...
Mais plus que dans ma mémoire, c'est dans le sourire

rêveur de cette femme que j'ai lu toute l'importance de la vieille *Cinquecento*.

Kim 12 novembre 16:34 Les amis qui ont connu mon père dans sa ville natale se souviennent de lui comme d'un jeune prince, un des célibataires les plus convoités, parce qu'il était le seul professeur de philosophie qui conduisait une voiture décapotable dans les rues de Rach Gia, une ville de la côte ouest du Vietnam.

Mon père était un passionné d'automobiles. S'il était né à une autre époque et dans un autre lieu, il aurait été un collectionneur. Mais, en ce temps de guerre, il était excessif de garer sa voiture dans une cour d'école pour la retrouver à la fin de la journée recouverte de pétales rouge feu du flamboyant. Il était indécent de rouler pendant deux heures, de parcourir trente-sept kilomètres sur une route de terre, parsemée de crevasses de mines explosées, pour prendre un café avec son grand-père, même si c'était un café rare, issu de fruits de café mangés par des renards mais dont les graines n'avaient pas été digérées. Selon les dires des amateurs, une seule tasse de ce café suffisait pour enivrer puisque les graines passaient par un processus de fermentation dans l'estomac des renards avant de suivre le cours habituel de la nature.

Aujourd'hui, mon père croit encore que le café qui lui est envoyé du Vietnam est le meilleur. Chaque matin, il le prépare en mettant une cuillerée dans un filtre qu'il dépose directement au-dessus du verre. Il y verse de l'eau chaude et regarde les gouttes tomber, une à la fois, sur la couche de lait condensé dans le fond. *Ploc... ploc... ploc...* Peut-être qu'un jour je lui proposerai de partir avec moi, de refaire le même chemin, pour partager un « café d'excréments de renard » afin de voir le vent dans ses cheveux devenus gris comme ceux de son grand-père.

PASCAL 14 novembre 16:55 Je ne sais pas si le café aux excréments de renard a des vertus aphrodisiaques, mais il est certain qu'il ne faut pas sous-estimer le rôle des véhicules dans les relations amoureuses. Après l'usine, mon grand-père maternel allait chercher sa petite fiancée devant le lycée, il arrivait en pétaradant au milieu des jeunes filles comme au milieu d'un poulailler, fier comme un coq en blouson noir, les cheveux coiffés en arrière et luisants de brillantine – les roues de son engin s'arrêtaient exactement devant les chevilles fines de ma grand-mère. J'imagine qu'il ne tournait même pas la tête, ses lunettes noires rivées sur la route, l'aventure, l'horizon de la banlieue de Mulhouse... Peut-être donnait-il quelques coups d'accélérateur, pendant qu'elle se hissait à l'arrière... Elle tirait sa robe sur ses genoux serrés, lançait un petit salut à ses amies ébahies, passait un bras autour du torse épais... et ils eurent trois enfants.

Ce qui ne serait jamais arrivé sans la moto, m'avoua ma grand-mère, sept décennies plus tard.

Kim 16 novembre 07:34 Il y a des garçons vietnamiens qui ont grandi au Québec comme moi, mais sans y avoir connu de deuxième naissance. Dès que le Vietnam a rouvert ses portes aux siens et aux étrangers, les mères de ces garçons s'y sont précipitées. Elles cherchaient une bru vietnamienne obéissante, une épouse douce pour leur fils. Elles rapportaient dans leurs valises des cadeaux de toutes sortes : des boîtes de chocolats achetées après la Saint-Valentin, des rouges à lèvres en fin de stock, des slips aux couleurs délavées par une surexposition au néon... bref, des valises remplies à ras bord. Elles offraient ces cadeaux venus de loin aux parents des filles présentées par des amies communes, transformées en marieuses, qui avaient vanté la réussite de ces garçons, photos à l'appui.

Une fois, ma cousine de Saigon s'est sentie obligée de garder une de ces photos dans ses mains pendant de longues minutes, par respect envers une lointaine connaissance de sa mère. Elle ne comprenait pas pourquoi le garçon sur la photo posait devant sa rutilante voiture rouge avec à la fois une raquette de tennis et un bouquet de fleurs dans les bras, plus un sac à main en cuir pendouillant au poignet... Peut-être croyait-il qu'une voiture séduisait les jeunes filles de la même manière qu'une moto, sinon qu'une image valait les mille mots qui lui manquaient, les mille mots qui le gardaient hors circuit.

PascaL 17 novembre 13:12 Quand
Jurg tombait amoureux, c'est en calèche qu'il faisait
chercher son aimée. Elle se rendait au travail comme
chaque matin, mais devant son immeuble se trouvait
une calèche... Le cocher lui ouvrait la portière, un bouquet de roses l'attendait sur la banquette, et la calèche
anonyme la déposait devant son bureau... L'aimée passait ensuite la journée à rêver au prince qui lui avait fait
ce cadeau impossible.

J'avais rencontré Jurg à l'usine où je travaillais,
quelques semaines avant son renvoi pour cause de bavar-
dage intempestif. La calèche n'était qu'une des histoires
fabuleuses de Jurg, qui m'expliquait par exemple comment naissent les fourmis (ce sont d'abord de petites
saucisses qu'on ligature pour former tête, thorax et
abdomen), ou comment les molécules du métal tiennent
ensemble (il y a une araignée invisible au cœur de chaque
morceau). Jurg m'expliquait aussi qu'il était obligé de
travailler pour gagner ce qu'il appelait son argent de
poche – en fait, il était immensément riche, il avait
hérité une vraie fortune de son oncle, mais celui-ci lui
avait fait jurer de ne jamais utiliser cet argent pour son
propre intérêt. Ainsi Jurg pouvait-il louer des calèches
sans posséder lui-même de voiture.

J'adorais écouter ses histoires, qu'il me racontait
avec un sourire entendu, devant une bière, après le travail. Je faisais semblant d'y croire, on se comprenait. Un
jour il m'entraîna sur la terrasse d'un bar assez huppé ;
en revenant des toilettes, j'eus la surprise de voir un seau
à champagne sur notre table. Dans cet endroit, la bouteille qu'il avait commandée m'aurait coûté plusieurs
jours de travail. Il insista ensuite pour m'inviter dans
le restaurant le plus fameux de toute la ville, inutile de
protester, c'était feu son oncle qui payait, dit-il, « il faut
savoir profiter des bonnes choses ». Nous fîmes quelques

pas, il s'arrêta… et d'un geste grandiloquent me désigna l'enseigne sous laquelle nous nous trouvions : le grand M jaune d'un McDonald's. « Le restaurant le plus célèbre de toute la ville, pas vrai ? » dit-il en riant et en m'ouvrant la porte.

Ainsi naviguait-il sans cesse entre le vrai et le faux, le prosaïque et le merveilleux. Si la littérature devait s'incarner, je crois qu'elle prendrait la forme de Jurg… Mais pour une raison que j'ignore, la littérature n'est pas au goût de tous. L'été suivant, dans une autre usine, un type me fit le portrait d'un fou qu'il avait rencontré. Sa description correspondait en tout point à celle de Jurg. Pourtant son Jurg à lui était différent : « À moi, dit le type, il a affirmé qu'il avait été très riche, mais qu'à cause d'une escroquerie il était criblé de dettes, complètement ruiné. Il me demandait chaque fois de lui payer sa bière, il manquait toujours de monnaie pour ses cigarettes ; c'était un mec insupportable. »

KIM 17 novembre 20:43 J'ai une grand-tante qui se promène parfois dans sa maison à Saigon, ses cheveux tout blancs, détachés, en bataille, frôlant la peau de ses épaules frêles et de ses seins fatigués, nus. Elle m'a dit une fois qu'elle chassait les regards indiscrets en se déguisant en fantôme, autrement les photographes de *Paris Match* ne cessaient de l'épier, sachant qu'elle préparait son mariage avec Hitler. Les journalistes voulaient mettre la main sur la liste des invités, mais elle ne leur avait donné que le nom de Mussolini.

Elle m'avait fait part de son mariage parce qu'elle m'avait vue descendre lentement les marches en granite dans ma robe chinoise *qi pao choengsam*, fendue sur les côtés jusqu'aux deux tiers de la cuisse, cintrée sur toute la longueur, jusqu'au col haut et raide, imposant une posture de dignité sans compromis. Elle était bleue, bleu cobalt, bleu monochrome, un bleu qui a chuchoté dans l'oreille de ma grand-tante les mots d'Yves Klein : « Je suis allé signer mon nom au dos du ciel dans un fantastique voyage réalistico-imaginaire un jour où j'étais allongé sur une plage à Nice. » Ce sont les mots magiques de ce bleu qui m'ont donné accès à ce mariage grandiose, où ma grand-tante prévoyait de changer les opinions politiques de son nouvel époux en posant sa main sur son cœur pendant la valse d'ouverture.

Elle m'a accueillie en inclinant légèrement la tête : « Vous êtes fort gracieuse, ce soir, mademoiselle. » L'Indochine reprenait vie à travers l'élégance de son français, celui de la jeune enseignante, fille de juge, orpheline de mère, perdue un jour dans un marché public, entre les gloussements des poules qui se débattaient sous leur couvercle en bambou et les bourdonnements des mouches qui tournaient autour des morceaux de porc suspendus au bout des crochets en métal. Depuis, elle se promène parfois entre les étals des marchands pour réciter un vers de Molière aux invités ou expliquer l'accord du participe passé des verbes pronominaux à ses élèves. Mais, souvent, elle se tait, dans le noir, tout au fond de sa chambre, pour entendre la berceuse de sa mère.

PASCAL 18 novembre 20:17 Dans *Les Sept Piliers de la sagesse*, Lawrence d'Arabie prétend qu'on ne peut véritablement conjuguer en soi plusieurs cultures, à moins de devenir fou...

Nous attendions un train, dans une petite ville du Bangladesh. Un vieillard en haillons nous a approchés sur le quai, ses rides auréolées de cheveux blancs en bataille. Plus que nos nationalités, c'étaient nos diplômes qui l'intéressaient. Francesca a eu l'intelligence de lui retourner la question ; il s'est alors redressé avec fierté, autant que son pauvre dos le permettait, pour nous lancer, avec un accent d'Oxford que l'on n'entend plus : « *I am a metric engineer, British period.* » Cet homme avait contribué à construire les chemins de fer de son pays, quand le Bengale appartenait encore à l'Inde et à l'Empire, et il pouvait égrener par cœur et sans perdre haleine les horaires précis de ces trains qu'il ne prenait jamais.

Mais cela faisait longtemps que les trains n'arrivaient plus à l'heure, au Bangladesh, et encore moins dans cette campagne où le temps se mesure à la course lente du soleil. Les ombres se sont allongées, j'ai retrouvé le vieillard affalé par terre, près du marchand de boissons. Je lui ai proposé un thé, qu'il a bu avec un empressement que rien ne justifiait, à petites lampées brûlantes entrecoupées de remerciements, de « *Thank you, your honour* ». À ses yeux j'étais soudain devenu un Britannique en habit blanc, et j'imaginais les rouages qui s'emballaient dans sa cervelle détraquée, où régnait encore la dictature des horloges coloniales... C'est du Shakespeare que celui-ci aurait récité, s'il avait eu comme ta grand-tante du goût pour le théâtre, mais c'est au rythme saccadé des bielles qu'il aurait déclamé ses tirades.

PASCAL 20 novembre 11:08 Je croyais avoir l'habitude de voyager, mais c'est au Bangladesh que j'ai véritablement compris ce que c'était que d'être étranger. C'est là que j'ai pris conscience des gouffres qui peuvent séparer les hommes, même lorsqu'ils sont côte à côte.

Contrairement à Saigon avec ses mototaxis, à Dhaka, il n'y a aucune proximité entre le client d'un *rickshaw* et son conducteur – sinon une vague complicité, dans les virages les plus serrés... Le client est assis plus haut, dans le siège capitonné et décoré, dominant de tout son poids le corps efflanqué qui peine devant lui, les épaules luisantes de sueur. J'étais gêné, les premières fois, et puis j'ai appris à tenir ma place, comme j'ai appris à ne pas être familier avec les gardiens d'immeuble ou les garçons d'ascenseur, parce qu'ils attendaient autre chose de moi. Je me rappelle avoir provoqué la stupeur de mon assistant le jour où je me suis glissé sous le bureau pour vérifier les branchements de l'ordinateur : je n'aurais pas dû poser mes genoux par terre, j'aurais dû appeler quelqu'un pour ça, quelqu'un dont c'était le rôle, quelqu'un dont je volais le travail. Au Bangladesh, l'islam n'a pas effacé l'héritage des castes, les riches ne lèvent pas le petit doigt et les plus démunis sont restés intouchables, au sens strict du terme. Ceux qui sont nés pauvres le restent, jamais ils ne construiront de maisons à deux étages, même à coups de nouilles instant.

En trois ans, j'ai dû héler plus de mille *rickshaws*. Dans ma mémoire se bousculent des dos mouillés par l'effort, des maillots de corps déchirés et des chemises trempées par la mousson, des nuques, des cheveux noirs. Mais de ces hommes qui pédalaient devant moi, je ne me souviens d'aucun visage : ce n'étaient que des corps, des morceaux de corps, des muscles mis à mon service. Je me rappelle toutefois l'un d'entre eux, qui pédalait plus lentement que les autres, et par à-coups. Je me suis penché, cherchant à comprendre la cause de sa lenteur : l'homme n'avait qu'une jambe.

KIM 21 novembre 08:59 De tous les chauffeurs de mototaxis qui m'ont conduite à travers le Vietnam, je ne me souviens du visage que d'un seul. Il se garait toujours à quelques mètres de la clôture de l'habitation que nous avait fournie l'employeur de mon mari pendant son affectation à Saigon. Durant les premières semaines, je marchais jusqu'à la mototaxi de l'intersection suivante afin de m'éloigner, de me dissocier de la grande porte blanche qui cachait la terrasse, sur laquelle je faisais croître des grenadiers, des hibiscus, des bougainvilliers et, surtout, des fleurs de tigon. De cette terrasse, entourée de ces magnifiques plantes et de ces minuscules fleurs roses qui murmuraient un poème connu de tous les Vietnamiens, racontant la mélancolie des cœurs brisés semblables aux pétales des tigons qui se séparent l'automne venu, je ne voyais pas les enfants assis autour des tables basses en plastique installées sur le trottoir, au milieu du bruit des centaines de motos. Leur nez était au niveau des pots d'échappement, leurs pieds nus dans les cheveux coupés des clients du coiffeur qui avait son banc et son miroir sur le même bout de trottoir, juste à côté d'eux, et leurs yeux tournés vers ceux de deux femmes qui leur enseignaient les courbes du B et les angles du E. Ensemble, ils récitaient parfois des textes appris par cœur et, à la fin de la leçon, ils remerciaient en chœur les moines qui leur servaient du riz et un bouillon aux courges d'été, ou aux feuilles de patates douces ou de chrysanthèmes. Les cours commençaient très tôt le matin, avant mon départ au travail, car ils devaient partir travailler, eux aussi.

Je connais l'ampleur de leur corvée parce qu'un jour je les ai suivis. J'ai détruit le grillage sur lequel grimpaient de lourdes tiges de tigons – ces fleurs n'ont pas su tromper ma vue ni redonner du rose aux jeunes et tendres talons écorchés. Ce jour-là, j'ai demandé à la mototaxi, garée juste devant l'abri de notre gardien de sécurité, de faire le parcours des enfants. Le chauffeur était un jeune garçon, frêle, au visage lacéré et brûlé par le soleil. J'ai mis mes mains sur sa taille et j'ai compris enfin ce qu'était une chemise usée à la corde. Je m'attendais à ce qu'il me demande pourquoi je n'avais jamais fait appel à lui auparavant. Mais rien. Son silence était doux ainsi que ses gestes, même lorsqu'il me montrait ces enfants éparpillés aux quatre coins du marché central, portant dans les bras un bébé aux membres flasques, drogué aux somnifères, ou mendiant auprès des passants, suivis du regard de leurs parents, qui les surveillaient au loin.

Il gardait le silence pendant que j'apprenais à regarder la vie sans fleurs ni poèmes.

C'est dans ce silence qu'il m'a emmenée depuis lors chaque matin au bureau. C'est grâce à la douceur de son silence que j'ai osé descendre devant la plus haute tour de la ville, et non devant une vendeuse de manioc râpé ou un marchand de jus de jeunes noix de coco. C'est en respect de son silence que j'ai glissé des billets dans sa main sans jamais demander le prix du trajet.

Le jour où j'ai acheté une nouvelle chemise pour recouvrir sa peau devenue couenne, il n'était pas au rendez-vous. Il ne s'est pas présenté le lendemain, ni le surlendemain.

Pascal 22 novembre 13:31 À Dhaka aussi il y avait un coiffeur en plein air, juste devant le lac de Dhanmondi, qui accueille sur ses berges les amoureux, les moustiques et les serpents. Comme celui que tu décris, ce luxueux salon était composé d'une chaise et d'un miroir accroché à un arbre. Sans doute le coiffeur officiait-il pendant mes heures de travail, car je n'ai jamais vu que la chaise et ce miroir, en me rendant tous les matins au bureau, au rythme lent du *rickshaw*. Je longeais les berges du lac, le *rickshaw* tentait d'éviter les crevasses qui rongeaient la chaussée, les racines des grands arbres qui soulevaient le goudron, frôlant les pieds des mendiants allongés, toute cette vie lente et obstinée...

Le soir, je rentrais tard, à pied par les rues désertes, éclairées seulement par les petites lampes à huile des vendeurs de thé et de cigarettes à l'unité qui ponctuaient mon chemin. L'unique lampadaire que je croisais était logé dans un grand arbre banian, près du petit pont qui traversait le lac ; certains soirs avant la mousson, il éclairait le ballet nocturne et inquiétant d'une colonie de chauves-souris géantes.

Jour après jour, je découvrais une nouvelle parcelle de ce que ce pays fabuleux avait à offrir, les yeux noirs de Lipi et l'amitié de Latif, une force vitale inégalée, l'énergie de ses artistes et la terrible beauté de la misère. Mais que peut-on voir d'un tel pays, en trois ans ? J'en retiens autant de souvenirs que de regrets, dont celui de n'avoir jamais vu le visage de ce coiffeur, de n'avoir jamais pris le temps de m'asseoir sur la petite chaise, devant le miroir.

Kim 23 novembre 05:49 Depuis la vie dans le camp de réfugiés où il n'y avait pas de miroir, j'ai perdu l'habitude de contempler mon reflet.

Nous avons quitté le Vietnam avec non pas une valise, mais un petit sac contenant trois chandails de laine et trois bonnets, grossièrement tricotés avec de la « laine » brune, cent pour cent synthétique. Parmi tous leurs biens, mes parents avaient choisi d'emporter ces vêtements, comme s'ils symbolisaient leur désir de nous propulser, mes deux frères et moi, dans un monde à l'opposé du leur, c'est-à-dire froid, loin du soleil des tropiques et, surtout, loin du feu de la politique.

Leur vœu s'est réalisé, rapidement. Le Canada, et plus particulièrement le Québec, nous a sélectionnés. Comment se préparer pour se présenter à notre nouveau pays sans décevoir, après avoir adopté les réflexes de ceux qui ont vécu sans eau courante ? Comment retourner dans la lumière avec les poux dans les cheveux, la gale sur la peau et la diarrhée chronique dans le ventre ? En quatre mois seulement, nous avions usé à la corde les deux ensembles de vêtements que nous avions portés, l'un par-dessus l'autre pendant le voyage et, par la suite, l'un après l'autre dans le camp de réfugiés. Alors, comment s'habiller ?

Les gardiens de notre camp ont laissé des marchands malais nous secourir. Ils ouvraient leur grande valise près de l'entrée. Des vêtements, des chaussures, des accessoires se promenaient d'une main à l'autre, tourbillonnant comme les drapeaux multicolores d'une fête foraine. Au milieu de ce chaos, ma mère m'a trouvé une paire de bottines blanches à talons hauts, carrés et surdimensionnés.

J'ai fait mes premiers pas vers nos hôtes québécois avec les bottines disco, mon chandail de « laine » brun et mon bonnet qui recouvrait mes oreilles et mon cou comme une cagoule, laissant mon visage d'extraterrestre bien en vue. C'est la première fois depuis le départ du Vietnam que je me suis revue, non pas dans un miroir, mais dans le regard de ces gens qui nous ouvraient les bras comme si nous étions les enfants adoptifs dont ils attendaient l'arrivée avec fébrilité. Ils étaient investis d'une mission, sinon celle d'effacer tous les torts du monde, du moins celle de nous donner un nouveau bagage.

PASCAL 26 novembre 16:39 Je t'écris de l'aéroport, en attendant l'embarquement... Mon père aussi a été bien accueilli lors de son arrivée en Suisse, par un couple que je considère aujourd'hui comme mes grands-parents... Je me demande si cette hospitalité appartient à une autre époque, ou bien si les administrations des États ont pris le pas sur les rapports humains. Il n'y a pas plus froid, plus méfiant qu'une administration douanière... Je ne comprends pas le sens de toutes ces questions qu'on me pose ici, à chaque départ, je ne comprends pas pourquoi on doit me demander ce que j'écris, et quel est le sujet de mon prochain livre, et si j'habite dans une maison ou un appartement, comment s'appelle ma voisine, ce que je compte faire en Europe et quels amis j'y reverrai, quels trains j'y prendrai, pour quelles lectures, dans quelles villes... À ces intrusions dans ma vie privée je ne m'habitue pas, bien que je sois habitué à toutes les autres, que la sécurité justifie peut-être. Je m'y prépare dès que j'entre dans l'aéroport : on fouillera ma valise, on allumera mon ordinateur et on videra mes poches. Les pots de confiture de dattes que je rapporte seront ouverts un à un, et le petit plumeau analyseur destiné à repérer des traces d'explosif parcourra mes chemises, les livres que j'emporte et les replis de mes caleçons, et l'on examinera l'appareil photographique, on vérifiera le fonctionnement de mon téléphone. Puis on m'accompagnera dans une pièce réservée, on me demandera de vider mon porte-monnaie et d'écarter les bras, et d'écarter les jambes. Il y aura toujours un petit temps d'attente, pendant que mes vêtements passeront au détecteur, un petit temps d'attente pendant lequel l'employé voudra commencer une conversation, lassé par la répétition de ses tâches et poussé par notre intimité forcée. Il y aura toujours un peu d'étonnement quand je lui dirai que Ramallah est une ville, une agglomération avec des restaurants, des bars, des hôpitaux et des écoles. Alors il me parlera des camps qu'il a parcourus lorsque, soldat, il y faisait des patrouilles. Il me dira qu'il ne comprend pas pourquoi des gens vivent dans ces camps aux ruelles sales et étroites. Je voudrai en parler avec lui, lui dire que ce sont des camps de réfugiés et lui expliquer d'où viennent ces réfugiés, mais la conversation s'arrêtera là, parce que j'aurai un avion à prendre, parce qu'il aura son travail à faire.

À tout cela je suis habitué, et aussi au fait que je ne pourrai pas embrasser Francesca avant de gagner le quai d'embarquement, parce qu'on aura peur qu'elle glisse dans ma poche quelque chose de dangereux. Nos corps devront rester distants, séparés par le regard vigilant de l'agent, et si leur attirance finalement trop forte les unit, il tentera d'empêcher l'étreinte, il fera un pas en avant, trop tard, il ouvrira la bouche mais finalement ne dira rien. Parce qu'il a lui aussi quelqu'un qu'il embrasse le matin, quelqu'un qu'il enlace, dans le hall des aéroports, avant les longues séparations. Ainsi la sécurité ne sera-t-elle jamais absolue, parce que dans toutes ces procédures se glisse toujours un grain de sable, un grain d'humanité.

KIM 28 novembre 06:47 Dans les années noires du Vietnam, les fouilles étaient pratiquées non seulement sur les personnes, mais aussi sur les colis. Les douaniers avaient raison de les examiner – et au microscope ou aux rayons X –, parce que l'argent se cachait dans tous les recoins. Nous séparions les couches des parois des boîtes de carton afin de placer les billets neufs de cent dollars américains entre les feuilles de papier cannelé, entre la face lisse et la face ondulée, entre le labeur de ma mère dans un coin d'une usine en banlieue de Montréal et la sueur de ses sœurs aux douanes vietnamiennes. Malgré les ventilateurs suspendus qui brassaient l'air et émiettaient la tension créée par les costumes verts épinglés d'étoiles jaunes et de drapeaux rouges, ma tante Quatre et ma tante Cinq transpiraient à grosses gouttes tandis que, souriant doucement, elles parlaient sans cesse aux inspecteurs afin que leur lame évente la boîte en son centre, entre deux rabats, loin des billets. Elles leur offraient avec empressement l'un des deux tubes de dentifrice avant qu'ils remarquent la marque rouge sur le blanc du G du mot « Colgate », le petit point qui indiquait la présence du billet enroulé à l'intérieur de la pâte. Elles devaient avoir des mains de magiciennes pour glisser une poudre compacte dans leurs poches en renversant les autres, prouvant ainsi que les pastilles ne contenaient rien, que vétilles.

À la maison, elles déchiffraient les lettres de ma mère : « Vous irez visiter la grande tante Liên, celle qui a élevé mon mari pendant un an. Elle est très malade. N'oubliez pas de lui conseiller de prendre de la vitamine C, au moins 100 mg par jour. Elle habite maintenant avec son fils Luân, derrière la pagode sur Ba Hat, la maison avec une porte verte. Elle vous accueillera et vous parlera certainement de ses dix enfants. Soyez patiente avec elle. » « Le manguier de Hô a donné 200 kg cette année, il a conservé 15 kg pour maman, vous irez les chercher à sa plantation, à Biên Hoa'... »

Mes tantes se rendaient à ces adresses pour remettre les billets de cent dollars retirés des cachettes à ces étrangers, en échange du montant de la commission indiqué par ma mère, soit dix dollars codés en dix enfants ou quinze dollars camouflés derrière les quinze kilos. Alors, si une lame traversait la boîte au mauvais endroit, elle fendait des familles entières, sur deux continents, puisque ceux de Montréal comptaient encore avec des sous noirs, cent par cent, dollar par dollar, avec la patience de moines tibétains qui sèment, presque en apnée, un grain de sable à la fois pour réaliser un mandala, traduisant le travail de l'éphémère, ou peut-être l'oubli du corps afin que le geste devienne don.

KIM 1er décembre 09:54 Je pars dans trente-six heures pour Rome. Je cours, je cours, je cours afin que le frigo soit rempli, la liste pour les gardiennes affichée et les chemises de mon mari repassées.

Je serai dans le même fuseau horaire que toi, à une heure de vol de toi, mais aussi éloignée, sinon plus, parce que je ne saurai pas imaginer ton quotidien... Tu me sembles si loin déjà.

Pascal 4 décembre 01:17 L'hôtel d'où je t'écris n'a pas de vue, mais à vrai dire quelques centimètres carrés de lit me suffisent amplement, c'est là que je tombe à peine poussée la porte. Le programme de la tournée est serré : collèges, lycées, bibliothèques et librairies, quatre rencontres aujourd'hui, parfois très loin de Besançon ; je suis vidé par les kilomètres de trajet, l'intensité des échanges, le plaisir de rencontrer les lecteurs, mon attention partagée entre leurs questions et les jambes infinies des lycéennes. J'aime ça, il s'agit moins de mon livre que de promouvoir la lecture en général, c'est une belle cause… Mais je crois qu'il me faudra attendre la fin de tout ça pour t'écrire vraiment. Raconte-moi Rome…

KIM 7 décembre 23:12 Aujourd'hui, j'ai eu quatorze journalistes sur le dos, c'est-à-dire quatorze séances de thérapie gratuites. Il est minuit. Je ne dors toujours pas, malgré les mains qui tremblent, malgré le décalage, malgré le nuage de duvet de la couette blanche.

Où es-tu ? Est-ce que tu dors dans une chambre semblable à la mienne ? Est-ce la 602, comme moi ? J'ai mille choses à te raconter mais, sans tes mots, je semble perdre ma voix...

PASCAL 10 décembre 13:27 Aujourd'hui je dormirai dans une 204, une chambre beaucoup trop grande avec un lit supplémentaire, absolument inutile puisque le lit principal pourrait aisément contenir une famille. Plus proche de toi encore, puisque je suis maintenant en Suisse. Lugano rime avec Monaco, c'est une ville ouverte sur un beau lac, comme Monaco est ouverte sur la mer ; je ne sais si l'on y trouve des casinos mais du luxe, oui, assurément, de la robinetterie jusqu'aux rideaux. Je n'ai que le temps de poser ma valise, de changer de chemise et de lire mes messages avant d'aller rencontrer les étudiants de l'université et les membres de l'Alliance française. Je profiterai demain matin du lac qui s'étale sous mes fenêtres, qui vient lécher le bord de la piscine et les palmiers qu'on a emballés pour les protéger du froid... mais je prendrai mon petit déjeuner seul, et il n'y aura pas de libellule aux ailes irisées pour égayer la salle. Je serai à Rome dans deux semaines, et tu n'y seras plus.

Kim 13 décembre 19:07 Je ne sais pas comment me brancher depuis ma chambre. Alors je t'écris du lobby de l'hôtel, où un ordinateur est mis à la disposition des clients.

Je termine bientôt ma tournée européenne, et toi ? Je veux croire que tu te trouves encore dans l'œil du tourbillon des rencontres et que tu cherches une connexion internet aux quatre coins de la ville, désespérément mais en vain, d'où ton silence, n'est-ce pas ?

PASCAL 14 décembre 10:31 Quelqu'un derrière moi pianote sur un ordinateur portable, j'aime le cliquetis des touches, leur doux clapotis ; cela fait longtemps que je ne l'ai pas entendu.

Traverser les Alpes, la neige aveuglante sous le soleil qui accompagne la course du train. Au fond des vallées coulent les ruisseaux glacés, j'aperçois un héron sur une roche, comme perché sur un radeau, il s'éloigne vite. Le tonnerre d'un tunnel, les routes parfois viennent longer les rails, une voiture solitaire et brillante qui prend un virage parfait, comme dans une publicité pour voitures. Une villa à vendre, des hameaux où ne fume aucune cheminée.

À côté de moi, une belle Noire parle avec un interlocuteur invisible, sa voix profonde résonne dans le wagon, un mélange d'anglais et d'autre chose, quelque chose de chantant. En face, un vieil homme s'est endormi.

Des chevaux dans la neige, des villages où il ferait sans doute bon vivre, où j'aimerais m'arrêter, poser ma valise, entrer dans une auberge accueillante. La jeune aubergiste aurait la poitrine généreuse, comme chez Rimbaud, elle me servirait des tartines de beurre avec du jambon et un vin de Moselle. Et, comme chez Bram Stoker, les habitués attablés là se pencheraient vers moi, à voix basse ils me déconseilleraient d'aller là-haut, dans les forêts profondes, dans le château sur la montagne. Alors j'aurais envie de faire comme Jonathan Harker, de ne pas suivre leur conseil, j'aurais envie d'enfoncer mes bottes dans la neige épaisse, de faire monter mon souffle chaud entre les branches, de défier légendes et vampires – mais à quoi bon ?

Maintenant la Noire chante, un chant doux et presque inaudible, une berceuse. Derrière elle, un jeune homme coiffé de gros écouteurs balance doucement la tête. Il a de beaux yeux de chat, dont la fille assise à côté de lui est amoureuse. Elle a penché la tête contre la vitre, appuyée contre son propre reflet et le paysage qui défile, elle sourit, elle pense à ces beaux yeux de chat, elle sait qu'il lui suffirait de tourner la tête pour les voir vraiment, tout près de son visage, mais pour l'instant elle préfère les imaginer, les dessiner dans sa mémoire, et elle sourit.

Tout est à portée de main, dans cet étroit wagon. Du temps pour t'écrire, des personnages en puissance et un paysage beau comme un décor, des vallées qui se creusent sous les rails, des précipices vertigineux et des falaises acérées, des nuages qui s'effilochent dans le bleu. Il y a tout, dans ce train qui file, tout mais pas de connexion internet. Toute cette beauté me semble soudain vaine, puisque je ne peux la partager dès à présent, puisqu'il me faudra attendre trop longtemps pour te l'envoyer.

KIM 22 décembre 14:29 La vie a continué à Montréal pendant que j'étais plongée dans l'univers du cercle littéraire de Turin, pendant que j'écoutais une comédienne lire mes mots en italien, pendant que je recevais, à travers l'ouverture grillagée d'un confessionnal, la voix d'un ami me décrivant son souffle au-dessus des mains d'une couturière qui passait et repassait son aiguille dans les trous du troisième bouton de sa chemise à peine entrouverte.

La vie a continué à Montréal pendant mon absence. J'essaie de la rattraper, de me rattraper, mais le corps voyage parfois plus rapidement que la tête. Je dois avoir oublié la mienne sur le tarmac, ce qui explique pourquoi je cours comme une poule sans tête et, surtout, pourquoi je t'écris si peu.

Ta vie continue, pendant que je me perds... pendant que je nous perds.

PASCAL 25 décembre 23:10 Je ne verrai pas la mer en Italie, le séjour est trop bref, mais les murs ocre de Rome et l'ombre des pins parasol valent tous les horizons, même en hiver. Francesca a quitté ses camps de réfugiés pour me rejoindre ; c'est une belle escapade de Noël, une des toutes premières fois que j'apprécie vraiment la famille, au sens élargi : les grands-parents qui bavardent et les bambins qui babillent, ces moments de relâche où les conversations tournent d'abord autour du quotidien, du repas qu'on cuisine et du temps qu'il fait, des courses à prévoir ; aucune place pour les angoisses existentielles, il faut d'abord comprendre comment plier cette satanée poussette, où s'asseoir dans une voiture qui contient déjà trois sièges bébés, et faut-il vraiment laver vingt fois la salade pour les femmes enceintes ? Je veux bien le faire, et aussi râper le parmesan, mais me voici sommé de préparer en même temps un pique-nique dans la chambre de ma nouvelle épouse, Camilla, trois ans, qui me demande de veiller à ce que le panda finisse son saucisson en plastique et le singe ses fausses tomates. Car il y a en plus des trois générations réunies là tous les petits personnages de l'enfance, les peluches et les poupées, et ce ne sont pas forcément les moins présents ni les plus faciles à satisfaire, surtout quand ils sont munis de piles et qu'ils hurlent « papa, maman » chaque fois qu'on leur appuie sur le ventre – ce qu'adore faire Angela, cinq ans, ma deuxième épouse, qui m'ordonne maintenant d'habiller Ciciobello parce qu'elle-même doit impérativement aller au marché, et puis au travail, et puis chez le coiffeur, avant de préparer le dîner.

Je suis fasciné par les jeux de ces petites, qui miment tout ce qui se passe au même moment dans la cuisine et dans le salon, dans le monde parallèle des adultes. Aujourd'hui j'ai observé des petits garçons du même âge. Eux venaient de recevoir robots métalliques et extraterrestres translucides ; leurs jeux les portaient le plus loin possible du quotidien et du présent : faire la guerre, détruire les bases spatiales d'une autre planète ou ériger des forteresses médiévales... Et l'on s'étonne ensuite que le jeune homme soit un peu moins enclin à l'idée d'avoir un enfant, de se soumettre au réel, que pour lui fonder une famille soit d'abord une abstraction, puis une menace... Long John Silver n'avait pas de bébé à changer, le capitaine Albator ne faisait jamais les courses, ni aucun des héros de mon enfance, et je n'ai jamais eu de Ciciobello à nourrir ni de dînette à ranger : j'ai tout à apprendre. Pourtant, c'est avec plaisir désormais que j'envisage cette nouvelle vie et ce don, cet héroïsme des classes moyennes... et c'est avec plaisir aussi que j'imagine les Noëls à venir, dans cinq et dans dix ans, quand je construirai avec Thomas des fusées intergalactiques, des vaisseaux pirates, des châteaux en bord de mer.

KIM 26 décembre 08:36 J'ai pensé à toi quand nous étions aux douanes américaines hier. Je me demandais ce que le douanier en gilet pare-balles ferait avec un passeport comme le tien, rempli de tampons de tous ces endroits dont les noms à eux seuls évoquent les peurs les plus insensées ici, en Amérique du Nord. Ramallah, où est Ramallah ? Pourquoi Ramallah ? Quel est le chemin qui t'a emmené jusqu'à Ramallah ? Est-ce que l'amour serait une raison suffisante ?

Je ne traverserais jamais la frontière américaine avec toi, parce que j'inspire déjà moi-même des soupçons. Les Asiatiques ont la réputation de toujours voyager avec de la nourriture. Pourquoi ? Peut-être parce que chez les Vietnamiens, l'amour s'exprime avec une joue de mangue, une côtelette à la citronnelle ou un dessert au tapioca. La première phrase que nous prononçons n'est pas « Comment ça va ? » mais plutôt : « As-tu mangé ? » Alors, durant nos premiers mois au Québec, nous étions très étonnés que les gens se saluent avec une remarque sur la température : « Bonjour, il fait beau aujourd'hui ! » ou « Ah, il fait vraiment froid ce matin ! » ou « As-tu vu le soleil qu'on a ? » L'humeur semblait varier selon le nombre de nuages ou la force du vent, des considérations qui nous étaient plus qu'étrangères.

Mon père s'est abonné au poste Météo Média à la télé et converse avec ses voisins à propos de la douce chaleur d'un été indien, de la beauté des branches recouvertes de glace ou de la tempête de neige sur la route 87, celle qui nous mène à New York chaque Noël depuis que ma grand-mère y habite, ma grand-mère reine en porcelaine : fragile et précieuse comme le souvenir d'un passé lointain.

Bon an, mal an, nous réussissons à être une trentaine autour d'elle, à nous tenir droit dans nos habits de soirée pour l'interminable séance de photos. Nous

nous bousculons joyeusement pour être sur la première photo, même si nous savons qu'il y en aura une centaine d'autres après, une avec notre petite famille, une avec les cousins, une avec les frères et sœurs, une avec les filles, une avec les tantes, une avec les maris des tantes, une avec le sapin, une avec la montagne de cadeaux... avec ma grand-mère au centre, systématiquement.

Étrangement, je n'ai jamais vraiment regardé ces photos. Elles existent quelque part dans des albums oubliés, des rouleaux de films non développés et des cartes mémoire perdues. Personne ne s'en soucie, pas même ma tante Six, qui nous présente une nouvelle caméra chaque année, toujours plus performante. Cette année, ma petite cousine de trois ans joue aussi à la photographe avec un faux appareil qui ne donne aucune photo, seulement un clown au sourire éternel.

Nous répétons les mêmes poses, les mêmes gestes, les mêmes rires comme une vieille chorégraphie. Ce rituel se perpétue d'année en année depuis plus de trente ans, sans vieillir, sauf hier, parce qu'il manquait ma grand-mère sur les cinquante dernières photos.

Elle a abandonné la position du centre pour nous observer depuis son lit de jour, en retrait. Elle s'est endormie avec le sourire de ceux qui ont vu l'équilibre du monde.

Ce matin, je suis calée au fond d'un sofa entre mon oncle et le fils de ma cousine, qui dorment encore à poings fermés. Dans la cuisine, la machine à café ne cesse de produire bruyamment des espressos. J'entends ma mère qui court après mon fils afin de lui glisser un morceau de *dumpling* chinois dans la bouche. Mon mari travaille à la rédaction d'un contrat à l'autre bout de la maison. Mon père et deux de mes oncles installent une lampe au-dessus de l'escalier central. Ma tante Huit casse des douzaines d'œufs pour sa préparation de flan au caramel. Ma petite cousine devenue grande remplit de farce deux dindes de la taille d'autruches pour le deuxième repas de Noël. À quelques mètres de moi, je laisse mon frère corrompre mon fils aîné avec des jeux vidéo. Et dehors, des petits flocons épars tombent sur l'étang des carpes et le dos moucheté des faons.

N'est-ce pas un moment parfait pour mourir ?

Rafaële Germain
Gin tonic et concombre
Soutien-gorge rose
  et veston noir
Volte-face et malaises

Gilles Gougeon
Catalina
Taxi pour la liberté

Claude-Henri Grignon
Un homme et son péché

Michel Jean
Envoyé spécial
Un monde mort comme
  la lune
Une vie à aimer

Lucille Jérôme
et Jean-Pierre Wilhelmy
Le Secret de Jeanne

Saïd Khalil
Bruny Surin –
  Le lion tranquille

André Lachance
Vivre à la ville en
  Nouvelle-France

Louise Lacoursière
Anne Stillman 1 – Le procès
Anne Stillman 2 – De New
  York à Grande-Anse

Roger Lemelin
Au pied de la Pente douce
Le Crime d'Ovide Plouffe
Les Plouffe

Véronique Lettre
et Christiane Morrow
Plus fou que ça…
  tumeur !

Denis Monette
Et Mathilde chantait
La Maison des regrets
La Paroissienne
Les Parapluies du Diable
Marie Mousseau,
  1937-1957
Par un si beau matin
Quatre jours de pluie
Un purgatoire

Paul Ohl
Drakkar
Katana
Soleil noir

Jean O'Neil
Le Fleuve
L'Île aux Grues
Stornoway

Annie Ouellet
Justine ou Comment se
  trouver un homme en
  cinq étapes faciles

Cet ouvrage a été composé en Dolly 9,5/12
et achevé d'imprimer en juin 2017 sur les presses de
Marquis imprimeur, Québec, Canada.